金 线

解决一切问题的结构化思维和结构化表达

冯唐 著

广东经济出版社

·广州·

果麦文化 出品

导言：超越金字塔原理的金线原理

2000年6月，我刚进麦肯锡公司的时候，还是个纯职场小白。麦肯锡咨询顾问是我的第一份工作，之前的经历全是从学校到学校，以及做一些挣学杂费和泡妞费用的零工。

刚进麦肯锡的时候，我偶尔听人说起金字塔原理。这个说法非常了不起，非常形象，非常生动，让我脑子里立刻呈现出埃及金字塔、斯芬克斯像和绝世美人纳芙蒂蒂像。

我问麦肯锡几个师父关于金字塔原理的内涵和外延，他们几句话就把我给说明白了，我没觉得这个金字塔原理有任何难懂和难学之处。在麦肯锡近十年的管理咨询实践中，很少有人和我刻意强调金字塔原理，我也认为那是一个非常基础而易懂易行的原理，稀松平常，任何受过良好科学训练的人都应该已经掌握了。反而是离开麦肯锡之后，我听到很多人和我提起金字塔原理，似乎掌握了金字塔原理就能解决一切复杂问题。

我非常确定，掌握了金字塔原理和成为一个训练有素的难题解决者/成事者之间，还有很长的路要走。我见过太多掌握了金字塔原理的人，在复杂问题面前束手无策。也有很多职场小白和我讲，听说掌握了金字塔原理，就可以像麦肯锡管理顾问一样解决管理中诸多复杂问题，但是他们并没有在掌握了金字塔原理之后，能够得心应手地解决实际遇到的诸多管理难题。

我离开麦肯锡之后过得一直比在麦肯锡的时候还忙，潜意识里我知道，我还没想清楚金字塔原理的缺陷，但是我一直没来得及细想。

自从2018年出版《成事》一书之后，我开始构建成事学，我想把我掌握的通用管理学教给想学能学的职场小白。随后，我又出版了《冯唐成事心法》和《了不起》（"冯唐讲书"的一年结集）。这本《金线》是成事学的第四本，也是成事学里讲述我在麦肯锡十年间修炼的工具、方法、模板的第一本书。

我在构思和写作这本书的过程中，发现了金字塔原理的缺陷，提出了解决一切问题的金线原理。

金线原理：解决一切问题的实质就是追求以假设为驱动、以事实为基础、符合逻辑的真知灼见（Hypothesis driven, fact-based, logical insights）。

如果我们真的想解决难题，真的想成事，想持续成事，想持续多成事，我们必须超越金字塔原理，学习、修炼并熟练掌握金线原理。金线原理在金字塔原理之上，金线上的每一主要步骤都是一个金字塔，金线是金字塔穿起来的项链。

我坚信，修炼成事有四个常规途径：读书、行路、学徒、做事。读万卷书，行万里路，跟定两三个师父，不间断地在实际做事中锻炼自己。如果说《成事》有点像一本经书，《冯唐成事心法》就类似经注，成为读者在实际做事中的实践指南。《了不起》类似一个读书拐杖，从文学、史学／管理学、美学三个方面讲了五十三本经典中的经典，给读者一个成事的基本阅读基础。我把《金线》给任何愿意修行成事学的人，让他们成为一个训练有素的成事者。行路之外（你只有靠自己找机会环游世界，这方面我实在什么都帮不了你），《了不起》指导读书，《金线》给出工具，《冯唐成事心法》指导做事，三根支柱，撑起成事学。

我在麦肯锡期间，除了师父们在项目中言传身教之外，每年还都接受集中培训。我花了五年多从咨询顾问升到合伙人，感觉读了一个超级实用的通用管理学博士。在成为合伙人之后，我像我的师父们一样，也在项目上言传身教我的那些团队成员，也作为老师深度参与麦肯锡的正式培训。从麦肯锡"毕业"之后，无论是在华润集团、华润医疗还是在中信资本工作，我都能感到在麦肯锡的十年留给我的系统而严格的训练。无常是常，轮回不已，唯一不变的是变化本身，我也不能幸免，也在这些无常里变化和轮回。有这些麦肯锡功夫压身，仿佛有了压箱重物、定海神针。在华润、中信工作的十年里，我反复运用这些麦肯锡功夫，又多了不少心得体会，身上的麦肯锡功夫渐渐成了冯唐成事学功夫。麦肯锡、华润、中信这二十多年管理实践之后，尽管我知道我还是躲不开轮回，但是我相信我能不住轮回，我有足够的信心坐在地球上任何一张商业会议桌上、讨论任何复杂的管理难题，给出合理而有价值的管理建议。不管如何无常、如何轮回，我依然能够成事、持续成事、持续多成事。

麦肯锡这些工具、方法、模板中最有用、最常用的不是金字塔原理，而是这个结构化思维和结构化表达的金线原理。成事的最重要基础也是结构化想事和说事的这条金线，没有之一。

第一，应用广泛。如果你熟练掌握了结构化思维和结构化表达，你就是通才中的通才，你可以上手解决一切问题，你可以进任何行业、任何领域和任何公司，并为它们创造价值。

第二，亘古不变。如果细看《资治通鉴》、二十四史，细看唐宋八大家文章，结构化思维和结构化表达的金线原理闪烁不已。今天，无论是在中国媒体还是欧美媒体，如果你读到一篇非文学类的好文章，你细看，结构化思维和结构化表达的金线就在那些好文章里闪烁。今天，即使你不懂计算机编程、SPSS、SAS或机器学习，只要你熟练掌握结构化思维和结构化表达的金线，你一定还能找到很好的工作，衣食无忧。

第三，难能可贵。神奇的是，几乎每个职场小白都应该学习和应用金线原理（有时候是不得不），但是，熟练掌握结构化思维和结构化表达的人寥若晨星。熟练掌握这条金线的人，远远少于能把屋子打扫干净、把个人物品收拾利落的人。具备这种神奇能力的人进入一个会议室，面对海量信息的黑森林、纷繁复杂的关系，问几个问题，拿出一支钢笔、一个计算器（手机上自带的就够用）、一两页纸，就能梳理出一条闪亮的金线，让参会者眼睛一亮。"床前明月光，疑是地上霜。举头望明月，低头思故乡。"这二十个字似乎所有中国人都会，但是只有李白把它们如此放在了一起，这样放在一起之后，一千多年以来，无数中国人都会望月起乡思，想起李白，想起这首《静夜思》。熟练掌握结构化思维和结构化表达的人虽然比李白这样的人多，但也是万里挑一。即使 AI 再发达，人类再进步，掌握金线原理的人永远也不愁找工作、找好工作。所有的领导都希望团队成员能把事儿想清楚、说明白。

当然，这条金线不是万能的。熟练掌握金线原理的成事者可以按照这条金线解决绝大多数管理问题，提出的解难方案基本都能达到八九十分，但是无法保证能提出充满创意的伟大方案。那些最伟大的创意，需要天赋和运气。

熟练掌握金线原理很可能让你像孙膑一样提出"围魏救赵"的伟大战略计划，但是很可能无法让你像孙膑一样安排一场埋伏，砍一棵大树的树皮，在树皮上写下"庞涓死此树下"，黄昏来临，庞涓来到此树下，点起火把，还没来得及看清这六个字，周围万箭齐发，庞涓死此树下。

过去三十年，计算机算力和互联网技术爆发，结构化思维和结构化表达的金线原理依旧不过时，依旧非常重要。

世界经济论坛（World Economic Forum）把复杂问题解决能力列为二十一世纪人类的头号技能。各大公司、各大机构招聘高管时，都把复杂问题解决能力（解难）列为第一需要。

二十一世纪十大人类技能：[1]

1.解难（Complex Problem Solving）
2.思辨（Critical Thinking）

---

1 The Future of Jobs: Employment, Skills and Workforce Strategy for the Fourth Industrial Revolution（World Economic Forum 2016）

3.创意（Creativity）

4.管人（People Management）

5.协作（Coordinating with Others）

6.情智（Emotional Intelligence）

7.决断（Judgment and Decision Making）

8.服侍（Service Orientation）

9.谈判（Negotiation）

10.灵动（Cognitive Flexibility）

二十一世纪了，没有靠谱的领导要求下属知道武则天的原名和曾用名是什么，或者北京一共有几处世界文化遗产，但是靠谱的领导会希望下属能想清楚、说明白为什么武则天能当皇帝以及北京如何能成功申请到下一处世界文化遗产。

为什么解难（Complex Problem Solving）那么重要？《圣经》说：阳光之下，快跑者未必先达，力战者未必能胜。为什么？因为快跑者和力战者未必是好的解难者。

快跑者未必先达，因为他跑错方向了，因为他路径错了，因为他没动力跑，因为大环境不让他跑，因为他跑着跑着掉坑里了。力战者未必能胜，因为他打错地方了，因为他打的地方太多了，因为他没和他的队友们沟通清楚，队友们没能很好地帮到他。

那怎么办？

不着急，不害怕，不要脸。别着急马上就跑、马上就打，别害怕制订解难方案会贻误战机（通常不会），别在意别人嫌你慢、笑你胆子小，别往心里去。成事，多成事，持续多成事，最重要的不是干，而是在干之前，先把事儿想明白，把事儿沟通清楚。先花时间，结构化地把成事的计划想清楚，结构化地把成事的计划交流清楚。

解难的定义是：需要解决的问题复杂，结论充满不确定性，没有明显答案，能否有好的解决方案意味着重大价值差异。

解难的核心是：结构化思维和结构化表达的那条金线。想清楚，说明白，然后才是具体落实。能尽职尽责、尽心尽力干实事儿的人不多，能想清楚、说明白的人，更是凤毛麟角。

要树立信心，对于人类所有问题，都有一套共同的解决问题方法。这个方法的核心是结构化思维和结构化表达的金线原理。这条金线不是只有天才才能掌握，职场小白、中智之人按照正确的方法反复练习之后也能掌握（当然，如果有好的师父言传身教，可以学得更快更好），但是很多"哈麻牛剑""北清交复"的博士和博士后也没能很好地掌握这一伟大的金线原理。

尽管这条金线如此重要，我一直不想写《金线》这本书。

首先，我觉得，结构化思维和结构化表达不是什么太难的事。其次，结构化思维和结构化表达也不需要一本书讲清楚，知道金字塔原理的四字基本原则"不重不漏"，知道解决问题的实质就是追求以假设为驱动、以事实为基础、符合逻辑的真知灼见，然后在工作里、生活里、风里、雨里、江湖里反复练习就行了。最后，市面上似乎已经有了很多讲这个领域的书，比如《金字塔原理》，等等，我为什么还要再写一本呢？我为什么不把有限的时间和精力用在另外一些还没人写的领域里呢？

但是，在过去十年，反复有朋友求我写《金线》这本书，他们想具有把事儿想清楚、说明白的能力。十年之后，他们几乎都做了领导，带领大大小小的团队，他们还是反复求我写《金线》这本书："能把事情想清楚、说明白是个天赋加长期训练而形成的伟大素质，能教别人把事情想清楚、说明白真是造福人类了。您从小就会并不等于其他人从小就会，很多人长大了、大学毕业了还是不会。市面上有一些讲结构化思维的书，但是都太啰唆了，让人怀疑作者自己是不是真的懂结构化思维和结构化表达，作者自己是不是真的能把事情想清楚、说明白。如果您不信，我送您几本，您自己翻翻，您就知道我是什么意思了。不仅没有好的书，好的课程也没有！这么重要的一项能力，竟然似乎没有一个商学院或者大学有系统的课程传授。您快写吧。出版之后，我第一时间批量采购，装备团队。"

我还真不信，自己去买了几本这方面的书，耐着性子翻完了。的确，无一例外的难看，非常难看。我高度怀疑，那些买了这几本声名赫赫的书的人中有多少人真的把这几本书读完了？有多少比例的人真的读完了且有收获？有多少比例的人真的成功地把所学用到工作和生活解难的实践中去了？

对于这些书，我想吐槽的是：

第一，行文冗长。一句话能说明白的，非要用一百句说。

第二，例子无聊。这些书的作者似乎也想让文本变得生动些，他们很费力气地编了不少例子。可惜的是，这些例子都和普通读者关系不大，也毫无趣味：屋顶要不要装太阳能？如何增加南极企鹅数量？如何让一家日本企业的库存周转变快？等等。这些都是实际的问题，但是和绝大多数地球人似乎没关系。而且，我高度怀疑可以在这样一本书里对职场小白做案例法教学：一个丰富的案例需要很多信息，普通读者对这些信息是否感兴趣？读书基本上是个单向输入，读者基本上是单纯接受方，很难互动和纠错。如果没有小班授课，只能指望读者"我注六经、六经注我"。读《金线》这本书时，遇到心动处，停下来想想自己工作和生活中相关的实例，读完这本书之后，在工作和生活的实践中有意识地用用这本书讲的结构化思维和结构化表达的金线。

第三，作者无趣。这些书的作者是否熟练掌握了结构化思维和结构化表达的金线，我不敢确认。但是，我确认，这些书的作者相当无趣，我没动力和他们分一瓶酒，探讨一下地球乃至宇宙的下一个千年。

那好吧，我就自己写一本关于金线原理的书吧，反正我因为强调"文章有一条金线"已经有了"冯金线"的外号。我已经把结构化思维和结构化表达的金线原理想明白了，也常年习惯性使用，几乎快成了习惯性小脑思维。我也写了二十来本书了，一多半是文学，我对于文字充满了热爱，怕你无聊，怕你困，我在这本《金线》偶尔插科打诨，用文字的魅力让你开心。"高高山顶立，深深海底行"，我尽量举一些高瞻远瞩的例子，比如，如果实现了基因自由编辑，完美的人类应该被编辑成什么样？比如，一百年后，人类应该和AI如何美好相处？我还会尽量举一些接地气的例子，比如，如何最完美地买一个房子？比如，如何尽早获得财务自由？需要强调的是，我不会在例子里过分灌水。我依旧相信，这本书应该短小精悍，你看完之后应该马上把学到的金线原理应用到实际工作和生活中去，在实际工作和生活中遇到和金线原理相关的困扰再来重新读一遍这本书。尽管我从事管理工作多年，但我尽量把这本《金线》写得清晰直白，金光闪闪，做到我妈能懂。

另外，希望你别嫌书薄。把书写厚容易，把书写薄，难。"板凳甘坐十年冷，文章不写一句空"，我保证每字每句发自肺腑。文学之外，我大爱的书都是短小精悍的，老聃的《道德经》（约五千字），孔丘的《论语》（约一万五千字），孙武的《孙子兵法》（约六千字），袁枚的《随园食单》（约二万二千字），文震亨的《长物志》（约二万七千字）。如果还是嫌书薄，多读几遍。我不信，你读一遍能全懂，全掌握。

不要怀疑结构化思维和结构化表达的金线原理。我能确定的是：麦肯锡管理咨询顾问们整天用的最重要、最基本的工具是这个金线原理，财富五百强公司高管们整天用的最重要、最基本的工具也是这个金线原理，《资治通鉴》里面的帝王将相、枭雄巨贾整天用的最重要、最基本的工具还是这个金线原理。希望你也能用得上。

这本《金线》不设目录，不规划你的阅读顺序。像是在塔中寻宝，山中寻路，只有亲自走过一遍才能体会到拥有属于自己的那条金线的感受。

读这本《金线》，沿着这条金线，在工作和生活中反复练习、天天练习，成为一个训练有素的成事者。祝你熟练应用金线原理，成为顶尖的解难者和成事者。

最后要说的是，即使熟练掌握了这个全能解难法的金线原理，也不一定能解决你妈和你之间的矛盾，至少我没得逞。

行动远比答案重要。

是为导言。

冯唐
2022 年 4—7 月
伦敦、巴黎、汉堡、东京

成事学四大公理

成事学第一公理

人类在任何时候都要追求资源的最佳利用和效率的最大化。

成事学第二公理

尽管任何事都没有完美解决方案,但是任何事在某个时间范围内一定有最佳解决方案。

成事学第三公理

诸法无我,无常是常,不要恋战,不要试图解决所有问题,全面应用二八原则,尽百分之一百的力气,每个"二"达成"八",百分之百的力气最终达成百分之四百的成果。

成事学第四公理

解决一切问题的实质就是追求以假设为驱动、以事实为基础、符合逻辑的真知灼见。

（金线原理）

1. 人世间为什么会有问题?
   人世间为什么会有这么多问题?
   理科问题和文科问题一样吗?
   在解决复杂问题上,AI 为什么还不能全面代替人类大脑?

从职场小白到财富五百强CEO，任何人类个体在活着的任何时候都会有无数问题，从衣食住行到"立德立功立言"三不朽。年纪特别小的时候尽管没什么个体意识，每天也是充满问题，也要解决喝奶、打嗝、拉屎撒尿、保暖睡觉等等问题，自己解决不了，也要通过哭闹等简单表达方式召唤大人来解决。年纪特别大的时候尽管已经了然世间法，"随心所欲而不逾矩"，不穿内衣也可以上街，似乎可以逍遥游，但是也要解决肉身严重老化问题（牙齿脱落、呼吸困难、腿脚失灵、大小便失禁，等等）、安排生前身后事（真能做到"我死之后哪管洪水滔天"的老人寥寥无几）、安排少痛苦甚至无痛苦死亡（极少人掌握的圆寂技术，极少人积德积到我爸的程度，能够在午睡时平静离开），等等。

个体问题多，群体问题更多。一个人怕孤独，两个人怕辜负。多个人类个体组成人类群体，人心隔肚皮，群体在任何时候面对的问题比任何一个个体都多。一端是绝对自由，一端是绝对个人权威，这条线上所有的点都是问题成堆。

任何人类个体一生面对的核心问题是：如何最充分地用好自己这块材料，不白白来地球一趟？人类群体在整个生存期面对的核心问题是：如何最充分地用好这个群体能够调动的资源，特别是构成这个群体的人，让世界变得更美好？人类能用科学解释的世界只有很小的一部分，可惜的是，上述核心问题不在其中。

这些核心问题，其实也是管理学的核心问题。

我学的虽然是医科，但是我的理科知识在很大程度上还给大学老师了。我很佩服那些非常会解高难度理科题的学霸朋友。我心烦的时候只能想到泡妞、喝酒、读诗、写诗，但是泡妞喝酒读诗写诗常常让心更烦。我羡慕我那些理科学霸朋友。他们心烦了，就互相出几道需要用到二重积分才能解决的数学题、讨论一下暗物质和暗能量，心沉进去，就不烦啦。

理科题似乎总能有正确答案，文科题似乎总没有。人类能提出的理科问题，绝大多数都解出来了。人类能提出的文科问题，绝大多数都还没解决，甚至那些所谓解决了的少数问题在大多数人类中也没取得共识。

解决很多复杂的文科问题只需要小学数学应用题的水平。但是，很多并不复杂的文科问题，很多理科学霸完全做不出来。作为忘记了绝大部分理科知识的前妇科大夫、现战略专家，我为此感到欣慰。我多少还有点用，还可以保持一点自尊。

比如：如何让猫自己舔自己的肛门？

冯唐回答（当然，只是我个人的答案，只代表我个人）：方案A，往肛门上抹点浓浓的鱼汤。方案B，往肛门上抹点捣碎了的辣椒。方案C，往肛门上抹点加了辣椒的浓浓的鱼汤。

比如：在当前性别认同非常复杂的情况下，如何标识公共洗手间？

冯唐回答：不标识。一溜小单间，任何种类的性别认同都同等对待，先到先得先拉撒。

我问过人工智能专家李飞飞，在哪些领域，AI 和人脑差距最大？飞飞说，AI 在两个方面远远落后于人类，一个是创造性工作，能无中生有，从 0 到 1；一个是快速模式识别，万马军中取上将首级，在纷繁复杂的境况中瞬间顿悟。"AI 的世界里没有美食、好酒、有趣的灵魂。"

AI 的兴起是不可逆转的大潮，在可预见的未来，AI 还不能取代人脑的工作包括：好的酿酒师、食神，好的诗人、画家、作曲家，好的领袖（政治家、企业家等），顶尖的解难者（Problem Solver），等等。

训练极其有素的脑力如果和 AI 算力结合，如虎添翼。

2. 人类为什么要解决问题？

成事学第一公理（虽然绝对正确，但是无法证明，所以称之为公理）：人类在任何时候都要追求资源的最佳利用和效率的最大化（make the most out of it）。简单说，成事学第一公理就是不浪费。至于人类为什么痛恨浪费（甚至痛恨浪费的其他人类），不知道。

为什么要解决问题？为了不浪费，人类持续改进，不断解决问题。

为什么要解决问题？为了成事，为了持续成事，为了持续多成事。尽管从禅宗佛法角度讲，生前身后名都是虚幻，不如眼前一杯酒，但是有些人类一想起生前身后名，一想起不朽，就奋不顾身，就逐鹿中原。

为什么要解决问题？因为问题在那里，就像山在那里。

阿尔法人类的天性是追求卓越，有个没解决的问题会一直闹心，有个没解决好的问题会一直闹心。

对于我们这些进化不完全的地球人，解决问题是能产生满足感的，持续地解决问题是能产生强烈快感的，持续地解决复杂问题是能产生成就感的。人活天地间，万题想解，想解万题，是为万物之王。

庖丁为文惠君解牛，手之所触，肩之所倚，足之所履，膝之所踦，砉然向然，奏刀騞然，莫不中音。合于《桑林》之舞，乃中《经首》之会。

文惠君曰："嘻，善哉！技盖至此乎？"

庖丁释刀对曰："臣之所好者道也，进乎技矣。始臣之解牛之时，所见无非牛者。三年之后，未尝见全牛也。方今之时，臣以神遇而不以目视，官知止而神欲行。依乎天理，批大郤，导大窾，因其固然，技经肯綮之未尝，而况大軱乎！良庖岁更刀，割也；族庖月更刀，折也。今臣之刀十九年矣，所解数千牛矣，而刀刃若新发于硎。彼节者有间，而刀刃者无厚；以无厚入有间，恢恢乎其于游刃必有余地矣，是以十九年而刀刃若新发于硎。虽然，每至于族，吾见其难为，怵然为戒，视为止，行为迟。动刀甚微，謋然已解，如土委地。提刀而立，为之四顾，为之踌躇满志，善刀而藏之。"

庖丁解牛，就是庖丁在解决问题。庖丁修炼解牛之术，就是庖丁在修炼成事之术。庖丁解牛完成后，"为之四顾，为之踌躇满志"，就是成事者在解题完成后沉浸在颅内高潮里的写照。

3. 为什么所有问题都有最佳解决方案？

因为所有问题都有最佳解决方案,所以所有问题都有最佳解决方案。

因为我是你妈,所以我是你妈。这是一种我妈常用的强词夺理的回答方式,常常有奇效。

我妈还有一种更加强词夺理的回答方式。我问:"为什么我讲道理,您不讲道理?"我妈回答:"因为我是你妈。"

成事学第二公理:尽管任何事都没有完美解决方案,但是任何事在某个时间范围内一定有最佳解决方案。

万题能解。既然有问题,既然忍不住想解决问题,既然比较之下总有一个最好的解决方案(或者说有一个最不坏的解决方案),那万题能解,一切有解。

一切商业问题在某个时点都有一个最佳解决方案。问题不是有没有,而是如何找到它们,如何持续地找到它们。如果能持续地找到它们,你的公司就能立于不败之地,就是百年老店,基业长青。

一切个人问题在某个时点都有一个最佳解决方案。有时候,甚至无解,甚至不作为,就是那一刹那的最佳解决方案。摔伤了,骨头没断筋没断,冰敷之后很可能不需要做什么,等待就好了,等待时间治愈。失恋了,不作为一定是最佳解决方案,一定比马上找个人渣谈恋爱,去缓解痛苦要好很多,相信时间治愈。一年之后,你可能会嘲笑自己一年前竟然会如此痛苦。如果当下实在太苦,需要移情,那就移情到工作或者为了中华之崛起而读书;如果还不行,就移情到跑步,哭着跑三公里之后还哭,就再跑五公里,如果还哭,就索性跑个半马、全马。

一切社会问题在某个时点都有一个最佳解决方案。人类难办,一个人难办,两个人在一起更难办,两亿人在一起难上加难。那些说小孩儿最接近佛的人,对佛的了解实在太少,对人的了解也实在太少。佛不是人,佛克服了人类编码中的诸多愚蠢之处。人很难改变别人,也很难改变自己。人成佛的概率远远小于人拎着自己头发把自己拎到半空中的概率。因为人类难办，所以人类也好办。一切现存都有存在的充分理由，一切漏洞百出的制度都有它自己的逻辑。人类不动刀动枪打起热战来，就已经比禽兽高出了一个巨大的层次。如果忍住不打热战之后，还能坐下来聊聊，决定各退一步，就已经非常接近最佳解决方案了。

4.什么是最佳解决方案?

什么是二八原则?

为什么要全面应用二八原则?

为什么二八原则离不开结构化思维和结构化表达的金线原理?

总体上比其他任何解决方案都好的方案就是最佳解决方案。

成事学第三公理：诸法无我，无常是常，不要恋战，不要试图解决所有问题，全面应用二八原则，尽百分之一百的力气，每个"二"达成"八"，百分之百的力气最终达成百分之四百的成果。

即使你是天才，拍脑袋、拍胸脯、拍屁股的三拍式解决问题的方式也不可能是成事的基石，结构化思维和结构化表达才是成事的基石。

在纷繁复杂的世界里，不要恋战，不要试图解决所有问题，不要试图把任何问题解决到百分之百的尽善尽美。

但是,哪些问题是最重要的问题?怎么知道解决方案已经到了百分之八十的水平?结构化思维和结构化表达,结构化思维和结构化表达,结构化思维和结构化表达。重要的事情重复三遍,金线原理,金线原理,金线原理。

结构化思维和结构化表达的金线原理是解决一切问题的最基础工具,是成事学第一公理、第二公理、第三公理得以成立的基础。以上这一信念,是成事学第四公理。

简单说,成事学第四公理就是金线原理。

在这里,我第一次庄重而隆重地推出**金线原理:解决一切问题的实质就是追求以假设为驱动、以事实为基础、符合逻辑的真知灼见**(Hypothesis driven, fact-based, logical insights)。

这是麦肯锡管理咨询顾问们的"钵",最重要的吃饭的家伙,没有之一。在解决人世间疑难问题的实践中,金字塔原理有严重缺陷也偏复杂。天下武功,唯快不破,唯简不破。一条金线,唯求真知灼见,唯有一根筋,为得一善果。

在麦肯锡的时候，这个金线原理总是被提及和被强调，但是从来没人把它明确为一个原理。倒是一个金字塔原理被非麦肯锡的管理人士时常提及。

简单地总结归纳，**金字塔原理就是：任何事情都可以归纳出一个中心论点；而此中心论点可由横向的三至九个一级论据支持；这横向的三至九个一级论据本身也可以是一个个论点，再被三至九个二级论据支持，可以如此纵向延伸几级，整体论述状如金字塔。**

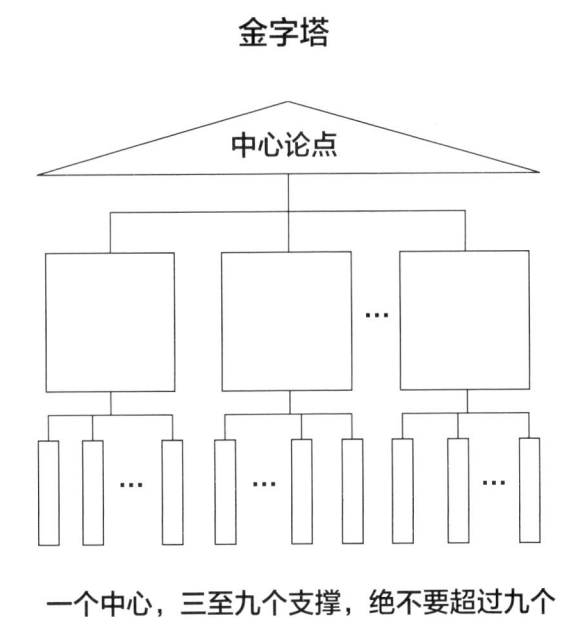

金字塔

一个中心，三至九个支撑，绝不要超过九个

描述金字塔原理的文章浩如烟海，真说明白的寥寥无几。还是我来吧。冯三点，说三点，三点说清楚三个金字塔原理的关键点。如果你能想明白这三点且能运用这三点，就说明你掌握了金字塔原理。

第一，纵向支撑原则。金字塔的纵向要形成逻辑支撑关系。多数时候，这种纵向支撑关系是归纳关系。下一层每个论据都对上一层形成逻辑支撑，如果三到九个论据中任何一个论据成立，上一层总结归纳就能立住，如果三到九个论据全部成立，上一层总结归纳就非常牢固。上一层是在下一层逻辑支撑下的总结归纳，站在下一层论据的支撑下，按照逻辑，高高山顶立，形成结论。

第二，横向不重不漏原则（MECE）。金字塔的横向要形成不重不漏的相互关系。横向三到九个论据，彼此之间要相对独立，要基本不重合，这样，才能在方法论上避免重复。横向三到九个论据，合在一起要相对完整，要基本覆盖议题整体，这样，才能在方法论上避免重大遗漏。

金字塔检验标准

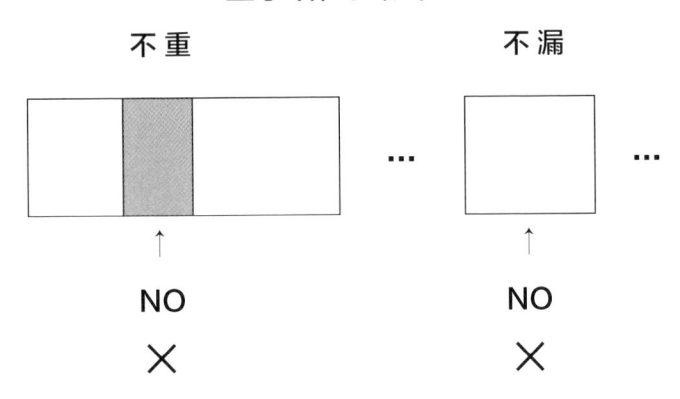

不重　　　　　　　　不漏

↑　　　　　　　　↑
NO　　　　　　　　NO
✗　　　　　　　　✗

第三，总体真知灼见原则。任何一个高质量的金字塔，最后的结论不应该是一个不可能错的空话，或者是一个没有任何实际意义的废话。任何一个金字塔式的论证，必须是真知灼见，必须让这个世界更加真实、更加善良、更加美好。真知灼见很难定义，很难言传，所以迦叶会拈花微笑。但是，真知灼见可以意会。你自己获得了真知灼见，或者你听别人有了真知灼见，你会有豁然开朗的感觉，"是它，是它，就是它！"一层窗户纸被捅破，水落石出，再无挂碍。一切仿佛真爱，没见到之前不知道是什么样子，见到之后，再无他思。

举个简单的例子：做个好学生。

第一层分解后形成纵向支撑：一个好学生要学习好，一个好学生要品德好，一个好学生要体育好。

三个"好"，任何一个成立，这个学生就是一个好学生，三个全部成立，这个学生就是一个三好学生。

第一层横向分解出来的三个"好"，学习、品德、体育，基本上彼此相对独立，不是绝对没有交叉，而是相对独立。这三个"好"合在一起，又基本构成"做个好学生"的全貌，覆盖议题整体。当然，还可以加上其他一些元素，比如"美术好"和"公益好"，等等。

当然可以再次向下分解。比如，"体育好"可以进一步分解成："个体项目体育好"和"集体项目体育好"。也可以换一种分解方法，进一步分解为："耐力好""灵活性好""力量好""技巧好"，等等。

同理，"学习好"和"品德好"也可以向下再打深一两层，每多打深一层，就多了一层真知灼见。

总体结论可以是一个真知灼见：德智体三好，就是一个好学生。如果某些教育界人士和家长认同这个真知灼见，这个真知灼见就可以在很大程度上长期指导他们教育孩子的实践。

好了，我想我讲明白了金字塔原理，但是，关于金字塔原理的问题也来了。金字塔原理能帮助你纵向打深一层吗？能帮助你不重不漏地横向分解出下一层的三到九个论据吗？比如，"学习好"再打深一层，应该能分解成哪几个元素？你即使明白金字塔原理，你也不一定能分解出来。这就是金字塔原理的局限性：只依赖金字塔原理，不能解决问题。这也是为什么那么多人读了金字塔原理相关的书，但是并没有成为优秀的问题解决者的根本原因。

好了，既然提出问题，我忍不住就想解决它，试着把"学习好"再打深一层。一种分解方式是把"学习好"分解为："教室学习好""家庭学习好""街头学习好"。我学习好，不仅在教室从老师讲课中学习，还在家从我妈骂街中学习。当然，分解方式不止一种。

同理，如何好好学习？金字塔原理也不能帮你打深一层。中国古人一种分解是：格物，致知，诚意，正心，修身，齐家，治国，平天下。需要指出的是，这八目是古往今来被推崇的学习方法，是真知灼见，解决了如何好好学习的问题。但是，这八目有一定线性关系，并不呈现金字塔形状。

既然金字塔原理不能从根本上帮你解决问题，什么可以？金线原理！

从在麦肯锡初步接触金字塔原理至今，我一直觉得这个原理很形象、很有用，但是一直隐约觉得有某个极其重要的东西没有被想透，这个金字塔原理被严重高估了，隐约觉得一个具体的战术技巧被高估到了战略层面。

在我写这本《金线》的过程中，我忽然意识到，是什么东西没被想透了。

第一，金线原理高于金字塔原理。追求以假设为驱动、以事实为基础、符合逻辑的真知灼见是一条金闪闪的主线，这条金线上很多关键节点都呈现金字塔的样子，符合金字塔原理（但记住，并不是全部正确论断都呈现金字塔的样子）。

第二，金线原理可以独立于金字塔原理而成立，但是金字塔原理离开金线原理就不能成立。某些极少数的天才，不知道也不理会金字塔原理，一下子拿出对于未来的伟大战略判断，符合以假设为驱动、以事实为基础、符合逻辑的金线原理，但是和金字塔原理没什么关系。而金字塔的每层之间，如果没有金线存在，就无法支撑。很多人读懂了金字塔原理，但是远远不是解决问题的高手。

第三，金线原理和金字塔原理不矛盾，金线原理和金字塔原理相互成就。金线原理是不变的总体原则，金字塔原理是坚实的局部支撑。最终呈现的真知灼见常常呈现金字塔的样子，但是也可以不是。

如果做个类比，老子《道德经》说"道生一，一生二，二生三，三生万物"。一、二、三、万物呈现的是金字塔，"生、生、生"是金线。金线原理不是道，不是本体论，是生，是高于生生不息之后出现的金字塔。

我在麦肯锡工作了十年。我知道，麦肯锡的管理顾问不是政治家，不是官员，不是银行家，不是说客，不是企业家，不是士大夫，不是江湖术士，不是预言家，不是占卜师，不是巫师，不是文人。

我问我当时能见到的最老的麦肯锡合伙人："那，我们是什么？"

"我们是问题解决者。"老麦肯锡合伙人说。

"我们能解决一切问题吗？"我第二问。

"是的，我们能解决一切问题。我们努力的目的是，我们能为一切问题提供现阶段最佳解法。如果给我们三个月，我们搞不清楚的问题，现阶段，也没有其他人或机构可以搞清楚啦。这也是我们的信念和对我们自己的要求。"老麦肯锡合伙人说。

"我们凭什么能做到？我们依靠的是什么？"我第三问。

"我们的大脑。我们的工具和方法，特别是结构化思维和结构化表达。"老麦肯锡合伙人说。

2000年，我进了麦肯锡，我被训练的第一个玩意儿是这根金线。后来证明，这也是之后诸多训练中，最宝贵、最有用的一个玩意儿。

和结构化思维相悖的七大错误

七大错误之一

审题错误

七大错误之二

我执错误

七大错误之三

金字塔错误

七大错误之四

人力错误

七大错误之五

分析错误

七大错误之六

行动错误

七大错误之七

静止错误

1. 金字塔原理
   核心是纵向支撑、横向不重不漏

如果打深一层，金线的基础是金字塔，金线的每个节点都是金字塔，金线其实是一条由大大小小金字塔构成的项链。

如果退一步讲，就算你缺少战略眼光和格局，不能单枪匹马，一根金线拿到以假设为驱动、以事实为基础、符合逻辑的真知灼见，你如果能扎扎实实弄出几个金字塔，也是对世界有所贡献。

再重复一遍，金字塔原理就是：任何事情都可以归纳出一个中心论点，而此中心论点可由三至九个一级论据支持，这些一级论据本身也可以是一个个论点，被二级的三至九个论据支持，如此横向的延伸，状如金字塔。

这些事情可以很复杂，如：我们是什么？我们从哪里来？我们要到哪里去？世界经济五年的走势？中国社会保障体系的建立？等等。这些事情也可以很简单，如：小贾见到姑娘为什么会脸红？老妈每天喝半斤白酒是不是很危险？以及当高中时候的梦中情人问你她现在该不该带着三岁的女儿离婚，你如何回答？

为什么是三至九个？三个开始（含三个）给人以稳定感，比如三脚架。多过九个，就让人觉得太啰唆了，人类只有十个手指头。

用一句话总结，对于合格金字塔的要求就是：纵向有逻辑支撑，横向分解不重不漏（Mutually exclusive, collectively exhaustive）。对于金字塔每一层的支持论据，要求彼此相互独立不重叠（至少重叠很少），合在一起又完全穷尽不遗漏（至少不遗漏要点）。

其实，金字塔原理只是一个形象说法，说白了就是对于某个论点的结构化论证。其实，金字塔原理并不新鲜，古今中外很多文章和言论都暗合金字塔原理。其实，金字塔原理很形象，你看到任何高处平面巍巍耸立的，埃及金字塔、应县木塔、延安宝塔，都是塔。那些符合不重不漏要求，中心思想（最高一级论点）及各级次论点都论据扎实、论证清晰的千古文章和真知灼见都可以是我们人类心中的金字塔。

无论问题复杂与否，无论阴晴圆缺，无论喜怒哀乐，你想事儿的时候，说事儿的时候，请尽量呈现金字塔原理。

2. 克服完美主义

在最开始的时候必须指出，金线原理从根上讲是将纷繁复杂的世界和问题简化的一种方法。任何金线注定不完美，注定无法证明绝对正确。我们成事修炼者能做的最多是把金字塔建得坚固、清爽、足够完美，一条金线直达真知灼见。

这个世界的大部分可能是暗物质和暗能量，这个世界的很多事情似乎不合逻辑、不可理喻。我们人类并不彻底绝望、彻底放弃、随波逐流，我们人类抓住结构化思维和结构化表达的金线，仿佛在无边无际的暴风雨的海上抓住一叶扁舟。

把完美主义留给天吧。或许在天的眼里，世界本来就是完美的，各种问题都在无数力量对冲和足够长的时间面前逐渐安静，草长莺飞，岁月静好。

3. 结构化思维的金线

你要坚信成事学四大公理,一切问题可解,一条金线可以解一切问题。

如果你足够训练有素,熟练掌握金线原理,哪怕你似乎对很多行业和专业一无所知,你也是那个能够解决一切问题的人间高手、世外高人。

在我具体阐释结构化思维的金线之前,我想讲讲结构化思维的反面,一些不符合金线原理的常见错误。

和结构化思维相悖的七大常见错误:

第一,审题错误。完全不审题,没有审对题,没有充分审题,审题时间不够,审题不深,审题不全。"阳光之下,快跑者未必先达,力战者未必能胜。"

第二，我执错误。毋意、毋必、毋固、毋我。"懒人说，路上有狮子。""大处着眼！""刻舟求剑！""盲人摸象！"

第三，金字塔错误。不遵从金字塔原则，不能准确确定重点，不能有效构建金字塔，逻辑思辨能力不足，构建的金字塔达不到"不重不漏"的要求。缺乏简化能力和勇气，追求完美，贪多求全，不能形成共识，不能砍去无足轻重的议题，没能把精力集中在关键议题上。

第四，人力错误。在解决困难问题上没能做到人岗匹配，团队的知识结构、时间投入、见识和脑力不够。团队的知识结构和见识太相似，太容易形成共识，太容易形成偏见。团队架构不好，解决问题流程不顺，没有形成团结紧张、严肃活泼的解决问题文化，要么太祥和，要么太剑拔弩张。没形成严格的行动计划和反馈机制，没按时按量跟踪解决问题的成果和困难。分解后的责任没能落实到个人，出了问题，找不到责任人，拿着板子，打不着屁股。

第五，分析错误。团队没有足够脑力和工具完成具体关键分析。缺少数据。数据没有的时候，没有估算能力（这是一种非常神奇的能力。对我来说，如果说金线是麦肯锡第一硬功夫，估算就是麦肯锡第一神功夫）。在具体分析中缺乏简化能力、建模能力、统计能力。请忘记多元回归，请忘记二重积分，但是基本的建模能力和统计能力要有。

第六，行动错误。问题最佳解决方案没有和具体行动紧密结合。行动计划涉及沟通和落实，涉及人员、行动、资源、成果、时间以及过程中进一步的问题解决流程。想清楚最佳解决方案只是成事的开始。想清楚之后还要说明白，沟通、沟通、沟通，在团队内部达成足够的共识、和主要利益相关方达成足够的共识，对的话反复和对的人说很多遍，都是成事的必需。说明白之后还要落实，落实的过程很可能还涉及新的问题解决。空谈误国，实干兴邦。坐言起行，成事到底。

第七，静止错误。复杂问题解决很少能一蹴而就。最初确定的最佳解决方案，实施过程中很可能会遇上新问题，甚至可能推翻之前的主要结论。实事求是，不要怕麻烦，在变动中不断发现问题和解决问题，不要怕没面子，必要时要敢于纠正自己，不着急、不害怕、不要脸。

结构化思维的二十条军规

1. 假设驱动
2. 确立常规
3. 界定问题
4. 分而治之
5. 去繁就简

6. 工作计划

7. 调查研究

8. 集思广益

9. 数据说话

10. 依靠常识

11. 善用专家
12. 善于估算
13. 慎用杀器
14. 狂开脑洞
15. 耍滑偷懒

16. 秉持公心
17. 实事求是
18. 鼓励异见
19. 提纲挈领
20. 交流沟通

反复阅读和思考这二十条军规，然后从这二十条军规入手，反复练习使用金线原理的技能和技巧。熟能生巧，百分之七十天赋，百分之三十汗水。天赋的事情归天管，你的天赋在你父母天地交欢的那一个极乐瞬间就决定了，汗水的事儿归你管，在你有生之年都归你管。你自己天天拎着金线，搭建过一万个金字塔之后，哪怕是中等天赋，你也是排忧解难的"金线高手"啦。

第一条军规：假设驱动。

必须要有第一天假设，必须要有第一天答案。

接到复杂问题的第一天，哪怕再复杂的问题，哪怕你毫无相关知识储备，哪怕你完全没时间细细思考，你必须要逼自己拿出第一天答案。

"人生若只如初见。"

是第一天答案，不一定是最佳答案，不一定是正确答案，不一定是完美答案。但是，也可能是。不管是不是，先拿出来。

哪怕问题都还没界定清楚，先在脑海里建立第一天隐约可见的金线。

更高的要求甚至是在第一天沿着这条隐约的金线看到闪烁真知灼见的各个金字塔。

哪怕这些金字塔的基石和柱子都还没有或者也只是虚拟现实，也要先竖起真知灼见的金字塔，也要看到金字塔高高的塔尖，那是第一天答案，那是中心思想。当然，金字塔之下，如果你能再想出三到九个金字塔的支柱，那就更好啦。

这一切不是武断。

这是第一天答案。万事开头难。如果没有第一天答案，你很可能在最开始浪费太多时间和精力。如果没有第一天答案，你很可能一直不能真正出发。

这不一定不是最佳答案，就像第一次见面，你就想睡他，他不一定不是你的好伴侣。直觉有力量，特别是一些有商业天赋的人的直觉，特别是一些商场老手的直觉，相信直觉的力量。人类直觉的能量在有些时候，完胜超级计算机和AI。

据我二十年经商经验不完全统计,百分之八十的时候,第一天答案就是最佳答案(那为什么还要撅着屁股再调查分析三个月?这个问题我不直接回答,你先想想)。据我五十年人生经验不完全统计,百分之八十的时候,你第一眼想睡的人,你今生一直想睡他。

这个宇宙中有很多暗能量和暗物质,尽管我们无法感知,但是它们存在。我们灵肉中也有很多传感器,只是我们选择忽略它们的信息。打开它们,接受它们,倾听它们在第一瞬间告诉你的答案,那就是你的第一天答案。

在第一天,如果,尽管逼死自己,尽管试图打开那些灵肉中的传感器,脑子里也没有第一天答案怎么办?

那就喝杯酒。

还不行?

那就喝瓶酒。

还不行?

问专家。

还不行？

问你妈。

还不行？

这个议题对你来说，真是一个超级复杂的难题了。那就试试《易经》、六爻。

有了第一天答案，方便全面应用二八原则，可以大大提高解难的效率。

有了第一天答案，山头耸立，远远可见，方便领导团队、团队成员分工协作。

有了第一天答案，不怕在洗手间或者电梯里遇见客户、CEO/领导，一泡尿的工夫，三十秒的电梯上行或者电梯下行，就可以和他讲清楚现阶段的建议。无常是常，如果他下一次上洗手间或者坐电梯遇上他的领导，问他怎么办？他不能说三个月后洗手间再见再说，他可以把你告诉他的第一天答案和盘托出。当然，他可以附加一句："这仅仅是初步想法。三个月之后，洗手间再见，那时的想法可能不同，也可能还是这个想法，但是会更加笃定。"

在第一天，要有第一天答案。可贵者胆，所要者魂，切记，切记。

Day 1

必须要有第一天答案

※ 尽管漏洞发生，也要有！

※ 可贵者胆，不行？喝酒！

※ 还没有，谁有？谁有就先用谁的！

第二条军规：确立常规。

在第二天，在殚精竭虑逼自己确立第一天答案/第一天假设之后，还有一件重要的事，确立沿着金线拿到最终真知灼见的机制和流程。

即使整个复杂问题的解决只有你一个人，你也要有个约束自己的机制和流程。假设你只有你自己，你也要把自己活成一个团队。你要知道自己的战斗力，一周能干多少小时，每小时能产出多少；你要知道自己依照金线原理解难这件事儿上的特点，什么时候适合收集信息，什么时候适合消化、思考信息，什么时候适合搭建数据模型，什么时候适合写 Word 文本、PPT 文本，等等。

要承认，人和人是不一样的，我见过很多种不同的人。有些人晚睡，有些人早起，有些人不怕早死地早起以及晚睡，有些人每天需要至少睡八个小时才能正常工作。

不必逞强，自己对自己诚实一点，在第二天，按照自己对于自己的真实了解，安排好这次践行金线原理去解难的行动计划。

需要提醒的是，哪怕你只是一个人在解决困难问题，没有任何团队成员，你还是需要一两个听众，否则你非常容易进入自嗨模式，在一条错误的路上走到黑。这一两个听众可以是你的导师、老情人、好基友，甚至老妈，但是他们一定要有扫你兴的勇气和挑你错的脑力。"老妪能懂"，如果你能把他们说通，说明你正在正确的道路上大踏步前进。如果你不能，说明你需要再多下些功夫。尽管他们并不是你的团队成员，不了解难题的全部背景和相关知识，但是和纯粹陌生人相比，他们毕竟是你的导师、老情人、好基友，甚至老妈啊，他们有比纯粹陌生人更容易理解你的基础。

如果你是带领一个团队遵循金线原理建设金字塔、解决疑难，那就要在最开始的时候说清楚在解难的过程中每个团队成员的工作习惯和成长诉求，在此基础上明确团队整体的工作常规。

人类是复杂的动物。一个人在地球上生存不容易，几个人能一起齐心协力就更难。"二人同心，其利断金"，如果三五个人能够一起倾力合作，产生的能量惊人，如果一百零八个人能够齐心协力，产生的能量够让日月换新天了。

所以，这些在沿着金线建塔解难之前的工作似乎浪费时间，但其实是节省时间。

例如，某个个体在解决疑难问题中希望自己和团队成员能知悉并尊重的常规：

第一，我晚上十二点之后脑子不转了。每天晚上十二点之后，不要和我讨论严肃问题。

第二，我还做不到不要脸，如果骂我／给我负面意见，请单独和我说，不要当众说。

第三，我酒后不一定胡说八道，我酒后可能灵感爆棚、充满真知灼见，请珍视我酒后说的话。

例如，几个个体形成的团体希望大家都知悉并尊重的常规：

第一，晚上十二点之后不再做任何"头脑风暴"。

第二，周日神圣。天不塌下来，周日不要联系彼此。

第三，不要找借口，每天按时吃中饭和晚饭。

以上都是我在麦肯锡做项目时遇上的实例。

第三条军规：界定问题。

俗话说，好的开始是成功的一半。把问题界定好就是好的解难的开始，在很多情况下，有了好的问题界定，沿着金线原理的解难之路就有了一个好的开始，获得金线尽头的真知灼见就有了一半胜算。

我不知道是否有官方统计，我自己的印象是，从古至今、从中至外、从小到大、从人到我，多数错误的原因是没有审题：没有审题，没有花足够脑力审题，没有花足够时间审题。

记得小学老师点评期中和期末考试时，对班上小同学们最常说的是类似如下的话："你为什么不审题？没审题你做什么？你眼瞎啊？你以为是这样一道题？你以为？你以为好用吗？我不要你以为，我要你看题，我要你审题！还没看题就做题，还没分清楚东西南北就跑，你跑错方向啦，你跑去的不是医院，是火葬场，傻啊你！"

季文子三思而后行，子闻之，曰："再，斯可矣。"

季文子是个非常谨慎的人，思虑过度，孔子劝他，想两遍，觉得差不多了，就干。其实孔子对于季文子这番教诲符合金线第一条军规——"假设驱动"。

现在大多数人相反，被智能手机裹挟已久，基本丧失认真阅读和沉着思考的习惯了。让我们形成一个好习惯：解难开始，面对难题，放下手机，拿出纸和笔，审题！再审题！至少审两遍。如果还是不能全神贯注，审三遍！三思而后行。

不要在最开始就玩命跑，那样并不能证明你是夜空里最亮的那颗星。最开始就玩命跑，可能跑不长久，更可能跑错了方向。一将无能累死千军，一开始就定错了目标或者反复改变目标，来回瞎跑，自己累，团队累。这样几个无效来回之后，你作为队长的威信也就加速降低了。

既然我们最常犯的问题是不好好审题，那么，在着手解难题之前，让我们仔仔细细审题吧！

以下是审题时可以问的一些基本问题：

1.这个问题涉及核心词的定义是什么？

2.对于这个问题，谁是最终决策者？

3.最后递交物大致长什么样子？

4.产生这个问题的背景是什么？问题的缘起？年代？相关的人？类似的领域？等等。

5.解决这个问题需要哪些利益相关方的参与和认可？

6.实施这些建议可能会对整个组织产生什么影响？对此组织的不同部门可能分别产生什么影响？

7.如何判断这个问题解决好了？

8.有什么潜在的重大风险？

9.提交最佳方案的时限是？

10.涉及这个问题的关键限制条件是？（预算、法律、人际关系、科技突破等）

11.还有一个非常重要的问题：哪些解难的限制条件真的不可能被突破？（想想在2010年前后，传统超市玩家对于电商的轻蔑）

12.可能在哪些方面脑洞大开、产生意外惊喜？

13.解决方案的目标精度大致如何？（在管理领域，没有百分之百准确，医疗上也一样）

审 题

※ 何出此问?

※ 所涉何人?

※ 正解若何?

一句话问题陈述

※ 谁是决策者? ※ 谁是利益相关方?

※ 成事/成功标准? ※ 时间限制?

※ 其他重大限制条件? ※ 解决方案精度?

※ 潜在重大风险? ※ 涉及重大行动?

…… ……

审题! 再审之! 三思而后开始解!

另一个审题诀窍是: 一层层打深, 打到打不动为止, 打到方便分析为止。

一个患者见医生, 说:"医生, 我不舒服, 给我开点药吧。"

好的医生绝对不是马上给这个患者开一些止疼药,让他好受些,而是一层层问问题。

医生问:"别急,和我说说,哪儿不舒服?"

患者答:"肚子。"

医生继续问:"给我指一下,肚子哪里?"

患者答:"这里,这里。"

医生继续问:"是很深的里面疼还是外面?怎么个疼法?疼了多久了?疼痛有否加重?不按的时候疼不疼?按的时候会不会加重?"

这只是一个好医生界定问题的开始。你应该能感觉到,界定问题本身就是解决问题的一部分。

另一个界定问题的常用工具:SMART 原则。

Specific:具体而有针对性,不空泛,不扯淡。少说"更快更高更远"之类片汤话。

Measurable：可衡量。不是一切皆可衡量。但是，一切不可衡量的事物都有耍流氓的嫌疑。

Action Oriented：行动导向。坐言起行，生死看淡，不服就干。如果在解难的过程中不密切联系行动，解决方案很可能不能很好落实。不能落实的方案，再好也是不好。

Relevant：切身相关。对于多数问题，别总是上帝视角和北京出租车司机视角。多想和自身相关的一切，别太高，别太低，解决自己的问题为先。

Timely：及时。未来不迎（特别是遥远的未来），既往不咎，当下不杂。看脚下，及时地处理好眼前的事儿。

高高山顶立，深深海底行。大处着眼，小处着手。界定问题时，尽量站在高处，站在CEO的视角，以全局观审题。不要盲人摸象，你要心中有只完整的大象。

问题界定好了之后，如果可能，尽一切可能和最重要的客户/CEO确认一下，这样界定问题是否有重大不妥。如果他忙，尽一切可能要他十五分钟。如果你熟习金字塔原理，在问题界定这个阶段，通常，要他十五分钟就够了。不要用电子邮件沟通，甚至最好不要用电话沟通，要十五分钟见面沟通的时间。

需要留意的是，有时候，甚至经常，客户/CEO不一定真的知道真的问题是什么，就像乳腺疾病患者首诊不该看妇科，看皮肤科的患者首诊可能应该看内分泌科。这也从另一个侧面说明，界定问题本身就是解决问题的一个重要组成部分。

另一个需要留意的是，很多时候，尽管客户/CEO没接受过系统的商业管理训练、没在国际大公司系统工作过，但他们对很多复杂管理问题的直觉非常好，再加上他们对于自己公司的熟悉程度，常常能快速产生洞见，他们是你解难过程中最好的潜在资源之一。善用之。

在秉承金线原理解难的一开始，问客户/CEO问题的界定，甚至测试第一天假设，有可能引起一些CEO的警觉，特别是和你第一次合作的CEO。

"您觉得我们这样界定这次的工作范围和工作重点，好不好？根据团队经验、专家访谈、常识判断和我的直觉，现在初始假设的解决方案是：招聘、培训三十岁左右的男性医药代表团队，通过培训三甲医院护士长，提高糖尿病患者每天使用血糖仪的频率。您觉得这个假设靠谱不靠谱？"

"冯唐啊，你在套我心中的答案吗？如果我完全同意且认同，你是不是可以收队了？我是不是可以不付你三个月的咨询费用了？"客户/CEO可能这么说。

"不是，我想您和我们一起思考。您赞同或者不赞同，只是一个信息输入。我们还是会按照我们的金线原理继续下一步的工作。即使您和我对于这第一天假设都无比笃定，您还是要付给我三个月的咨询费用，收集事实，建立论点，支撑这个第一天假设，撰写报告，和您的上级沟通，对您的下属进行宣贯。打个比方，如果我们生在500年前，我们俩笃信日心说，我们不是还得花大量时间收集证据，完成论证，以及谋划交流方案，争取避免你我先后或者同时被教会烧死？历史事实是，哥白尼在40岁时就提出了日心说，经过漫长的观察计算后完成了《天球运行论》，一直到临终前才将其出版。"我可能这么回答。

最后，不得不指出，界定问题很可能不能一蹴而就，解难进行一段时间之后，信息和数据多了一些之后，还需要回来，甚至再回来看，还需要判断问题界定时是否需要修改或者进一步细化。解难开始三周后的问题界定和解难开始三天后的问题界定有可能不同，不要怕麻烦，要坦然面对变化。

最后的最后，你可能会问我："冯老师，我只是一个职场小白，我为什么总要操 CEO 的心？"

我回答："任何一个职场小白，如果想成为一个 CEO、想尽快成为一个 CEO，那从第一天开始就操 CEO 的心吧！我进麦肯锡的第一天，我的师父就告诉我，要有 CEO 视角，要操 CEO 的心。这是一个少见的正确的捷径，如今，我悄悄告诉你。"

第四条军规：分而治之。

现在可以第一次尝试扎扎实实竖起金字塔啦。

把要解决的难题分解成下一层三到九个一级驱动因素／主要根源，然后再把这三到九个一级驱动因素／主要根源，每个分解成下一层三到九个二级驱动因素／主要根源，如此再往下。

通常，每层的支柱（子议题／驱动因素／主要根源）最少三个，最多九个。

为什么每层最少三个？直接确凿证据，不知道。佐证有一些。比如，三人成虎，孟母三迁，三足鼎立，三家分晋。比如，两点不成面，三点成面，三点一定能在一个平面上，四点在绝大多数情况下不在一个平面上。比如，冯唐有几个著名的外号，自恋狂魔、油腻老祖、冯金线，还有一个是冯三点，冯三点，讲三点。人性使然，人类编码使然。三点用最少的资源给人扎实稳定的感觉。

为什么每层最多九个？直接确凿证据，不知道。佐证有一些。比如，九九重阳，九阴真经。比如，冯唐有个"不着急、不害怕、不要脸"的九字真言。人性使然，人类编码使然。九条似乎是人类能相对容易记忆和消化的最多条了。再多，正常人类似乎就有一种天然的抵抗情绪，脑子自然而然地停止运转，不去消化和吸收。

通常，分解到三到五层就差不多了。

我很少见到分解到九层以上的金字塔，听说敦煌最高塔也是九层，似乎人类对于九层以上的金字塔兴趣不大。如果打深九层还不能讲透，还不如索性分成几个层次少些的金字塔，逐个建设，然后用一条金线穿起来。

多数普通人类在日常交流里不喜欢金字塔，喜欢一个大平层，就像多数普通人类喜欢一个大平层的公寓而不是类似面积的三层小楼。多一层，就多烧一层脑。如果听众是普通观众，定了不用金字塔，只用平层结构，记住，你依旧要满足"不重不漏"原则,组成平层结构的三到九个要点要不重不漏。如果你觉得九个实在不够用,最多最多,再多给你一个。正常人类只有十个手指头,十个还不够,分两个议题讲吧,分两篇文章说吧。

十个要素的大平层,古今中外,举三个例子。

第一个例子:摩西十诫。

我是耶和华你的神,曾将你从埃及地为奴之家领出来。

第一诫:除了我以外,你不可有别的神。

第二诫:不可为自己雕刻偶像,也不可作什么形像仿佛上天、下地和地底下、水中的百物。不可跪拜那些像;也不可侍奉它,因为我耶和华你的神,是忌邪的神。恨我的,我必追讨他的罪,自父及子,直到三四代;爱我、守我诫命的,我必向他们发慈爱,直到千代。

第三诫:不可妄称耶和华你神的名;因为妄称耶和华名的,耶和华必不以他为无罪。

第四诫：当记念安息日，守为圣日。六日要劳碌做你一切的工，但第七日是向耶和华你神当守的安息日。这一日你和你的儿女、仆婢、牲畜，并你城里寄居的客旅，无论何工都不可做；因为六日之内，耶和华造天、地、海和其中的万物，第七日便安息，所以耶和华赐福与安息日，定为圣日。

第五诫：当孝敬父母，使你的日子在耶和华你神所赐你的地上得以长久。

第六诫：不可杀人。

第七诫：不可奸淫。

第八诫：不可偷盗。

第九诫：不可作假见证陷害人。

第十诫：不可贪恋人的房屋；也不可贪恋人的妻子、仆婢、牛驴，并他一切所有的。

第二个例子：冯唐的古玉十条。

严格定义，中国玉指透闪石和阳起石等软玉。宽泛定义，包括慈禧之后，才开始流行的缅甸硬玉，即翡翠，也包括玛瑙、水晶、碧玺、绿松石、青金石等"石之美者"。

严格定义，古玉是汉朝之前雕琢制造的玉器。宽泛定义，古玉是民国之前、蛇皮钻等电动琢玉工具出现之前用手动砣具雕琢制造的玉器。

中国五千年的社会历史，写成了三千卷的"二十四史"。中国这块土地上，有明确出土证据的用玉历史八千年，从新石器时期直到如今。关于古玉，如果全部写出来，需要多本厚书。出于长期做管理咨询的职业习惯，再复杂的事情也要尝试几句话说明白，所以在古玉问题上，总结归纳最重要的十点。提纲挈领，挂一漏万。

第一，古玉贯穿中国文化。体会中国绵延不绝的文化，没有比古玉更好的媒介。

第二，古玉象征五德。涵盖范围和各种宣贯的企业文化基本相似。

第三，古玉如好女。落花无言、人淡如菊，碧桃满树、风日水滨。萝卜白菜，各花入各眼。

第四，古玉真假难辨，如同人心。

第五，街面上百分之九十九的所谓古玉是假的，不要轻信自己的判断。

第六，官府发现的古墓，百分之九十九已经被盗掘过。

第七，到底是唐朝古玉还是宋朝古玉，像辨别唐诗和宋诗一样简单，一样复杂。

第八，在能够承受的范围内，买价格最高的古玉，不要买价格最低的。

第九，古玉被你拥有了，只是经手，只是暂得。古玉活得比你要长得多，陪完你，再去陪别人。

第十，个人盗墓违反国家法律。

第三个例子：成功十要素。

我痛恨成功学。首先，在我的世界观里，"成功"比"爱情"更难定义，或者我定义中的"成功"和社会普遍定义的"成功"相差太远。其次，在我的认知里，我不认为成功可以学。人可以学开刀，人可以学乞讨，人可以学算命，但是人没法学习如何成功。所谓世俗定义的成功涉及太多因素，成功不可复制。

2015年秋天，我连续在北大、浙大、武大做了三场演讲。同学们除了关心我是如何成为一个情色作家（更准确的定义是科学爱情作家）之外，似乎更关心传说中我在北京后海边上的院子、我在作家富豪榜上的排名、我创立国内最大医疗集团的事功。换言之，同学们还是更关心世俗定义的成功。无奈之下，职业病发作之下，勉为其难，我还是用了中国古人提供的框架，用咨询公司训练出的总结归纳能力，和同学们讲了讲我认为取得世俗成功的十大要素。

一命二运三风水，四积阴德五读书，六名七相八敬神，九交贵人十养生。

一命。我的定义，命是DNA。从生物学的角度看，人生来从来没有平等过。人的智商、情商、身体机能很大程度上在出生的时候已经决定了，后天努力有用，但是先天先于后天、先天大于后天。夸张点说，猪八戒再勤奋也变不成孙悟空，孙悟空再修行也变不成唐僧。

二运。我的定义，运是时机（Timing）。白起、吴起等名将如果生在太平盛世，只能开个养鸡场和寿司料理店，每天杀杀鸡、宰宰鱼。柳永、李贺如果生在战时，只能当个没出息的列兵，在开小差的路上被抓回来。

三风水。我的定义，风水是位置。人二十岁之前如果在一个地方待过十年以上，这个地方就是他永远的故乡。胃、味蕾、美感、表情、口音等已经被这个地方界定，之后很难改变。余华如果生在北京，写不出阴湿暗冷的《在细雨中呼喊》。在北京，除了游行和卖货，没人呼喊，街道这么宽，故宫这么大，没人内心憋屈到跑到雨里呼喊。冯唐如果生在浙东，写不出《十八岁给我一个姑娘》，如果憋不住还是要写，可能写出一本《十八岁给我一个寡妇》。

四积阴德。我的定义，阴德是不做损人又不利己的事情。我能理解损己利人，我能理解损人利己，我不理解损人不利己。细细思量，人做损人不利己的事，必然是控制不了自己的心魔。让心魔控制自己时间长了，很难成事儿。

五读书。天分好要读书，天分不好更要读书。现在，还有多少人每天看书的时间多过看手机的时间？

六名。我的定义，名是名声，要成功的关键是名实相符。人可以欺骗一个人一辈子，可以欺骗天下人一时，但是人很难欺骗天下人一辈子。心碎要趁早，出名要趁晚。名出早了，名大于实，名声之下，整天端着，会累死人。

七相。自古以来，人类的世界是个看脸的世界。相有三个组成成分：长相，身材，精神面貌。长得好的人，的确占便宜。面对一张姣好的如瓷如玉如芙蓉的脸，尽管知道可能整过形、微整过容、有化妆品的功劳、皮肉之下都是骷髅，人类还是难免邪念袅袅、心存怜惜。即使没有一张好脸，至少要保持一个好身材，即使不能保持好身材，至少要保持体重。再差再差，脸也没有、屁股也没有、胸也没有，至少要保持精神面貌，每天早上面对世界微笑，遇上杨贵妃，能像安禄山一样跳起胡旋舞。

八敬神。我敬的神,是头上的星空和心里真实的人性、兽性。设定好自己的底线,不要因为方便、因为人不知而突破自己的底线。

九交贵人。我的定义,贵人不是有钱人、有权人,不是帮你遇事平事儿的人,是在暗夜海洋里点醒方向的灯塔一样的人,是腿摔断了之后的拐杖一样的人,是非常不开心时的酒一样的人,是渴了很久之后的水一样的人。

十养生。从一到九,都做到,如果没有好身体,也是空。养生不是信中医,不是吃斋念佛,是起居有度、饮食有节,是该睡觉的时候能倒头就睡着。

最后的最后,即使有了世俗的成功,也要意识到,它和幸福没有什么必然的联系,人坐在雷克萨斯里也不保证不想哭。

对于上述三个大平层的例子,你花些时间读读,体会一下,它们是否符合了"不重不漏"的原则。

尽管立下大志要读尽天下书、行遍万里路,绝大多数的书还是要一页页读的，绝大多数的路还是要一步步走的，绝大多数的饭还是要一口口吃的。一见钟情、顿悟、一首诗惊天下等，都是可遇而不可求的事，别指望。

解难也一样，问题界定好之后，是分解。不分解问题，无法进行下一步，不分解问题，无法分给其他团队成员分头解决。

某种印度教对于世界的说法是：各种世界总是在循环中，每个循环都是由三个基本步骤组成，创造、保护、破坏，破坏之后再创造、保护，然后再破坏。

在沿着金线原理创造性地竖起金字塔的早期，涉及很重的破坏工作：把难题分解、分解、再分解，把宇宙分解成坛城，把坛城分解成沙粒，把森林分解成树林，把树林分解成树木。

破坏性分解难题时，时刻注意遵守金字塔原则：不重不漏。

常用的分解工具包括：数理化及经济学公式、常识、逻辑树。

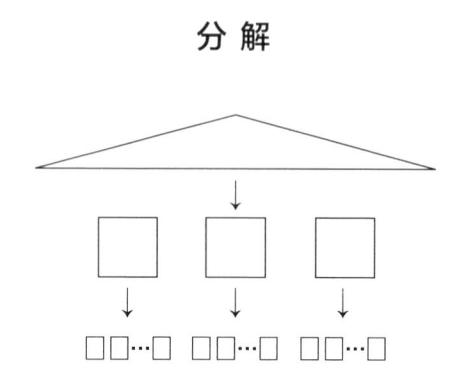

分 解

※ 科学公式：如 $E=mc^2$

※ 逻辑推导：归纳法、演绎法

※ 常识、常识、常识：

　人生不过诗、酒、茶

● ……

● ……

逻辑树是最常用的问题分解工具和视觉化问题分解工具。分解同一复杂问题，可以用不同的逻辑树。有些熟练的解难者对于同一复杂问题往往会提出两到三种逻辑树，然后比较，最后挑出来一个最清晰的、最完整的，以此为基础，做下一步工作。

逻辑树在很多情况下可以视同金字塔。玉树临风，立在原野里的树其实不就是一座塔？逻辑树有多种样子，没有绝对优劣，但是对于具体问题的分解，不同逻辑树有相对优劣。

比如"如何找到满意的女朋友"，逻辑树的第一层可以按照地域分：如何在北上广深找到满意的女朋友，如何在杭州、成都、昆明等二线城市找到满意的女朋友，如何在武夷山、抚仙湖、林芝、香格里拉等人间美景之地找到满意的女朋友，如何在中国之外的地方找到满意的女朋友，等等。

逻辑树的第一层也可以按照条件分：如何从身家一亿以上的人中找到满意女友，如何从电影学院学生中找到满意女友，如何从舞蹈学院学生中找到满意女友，如何从官二代中找到满意女友，等等。

逻辑树的第一层也可以按照类似标杆分：如何找到类

似杨贵妃的满意女友，如何找到类似卓文君的满意女友，如何找到类似李清照的满意女友，如何找到类似妲好的满意女友，如何找到类似邱淑贞的满意女友，等等。

逻辑树常见类型：

要素逻辑树/主要驱动逻辑树。比如，人类是由男人和女人构成的［当然，如果你问英国人，人类是由几十种复杂性取向的人类亚群构成的，比如，LGBTQQIP2SAA，lesbian, gay, bisexual, transgender, questioning, queer, intersex, pansexual, two-spirit (2S), androgynous and asexual］，GDP增长是由消费、投资、出口驱动的。解难最早期，你和团队面对难题所知甚少时，这类逻辑树最好用。

归纳法逻辑树（Inductive）。从个别情况推衍到通用结论。比如，他吃，他喝，他嫖，他赌，他坑，他蒙，他拐，他骗，他偷，他打女人，所以，他是个渣男。这类逻辑树在你对于事实有相当掌握、对于结论有所判断的时候，比较好用。

演绎法逻辑树（Deductive）。从通用结论推衍到个别情况。在你对于通用结论基本掌握、公式或者内在逻辑非常清晰时，可以用演绎法逻辑树。比如，商业银行产品利润等于内部定价减去成本分摊减去坏账损失。比如，投资资本回报率（ROIC）等于销售回报率乘以销售周转次数，销售回报率又等于营业利润除以净销售额，销售周转次数又等于净销售额除以投入资金。完全展开可以是一本书，这里就不完全展开了。但是需要指出的是，每多打深一层，离发现问题结症可能就近了一步。

假设逻辑树。在假设非常清晰和内在逻辑相对清晰时，可以用假设逻辑树。比如，假设武大郎是潘金莲毒杀的，因为潘金莲有作案时间、潘金莲有作案条件、潘金莲有作案动机、武大郎喝药的碗上有潘金莲的指纹，等等。

决策逻辑树。如果你相对确定你要提供的问题解决方案是一系列连续的决策，就考虑用"如果—那就"的决策逻辑树。如果苹果公司在未来两年大举进入VR领域并且取得30%的市场份额，那就不投资罗永浩的VR创业项目了；如果不是，那就投。如果投了老罗VR创业项目，一年之后，老罗公司的市场份额达到10%而且老罗的身心基本健康，那就追加三倍投资；如果不是，那就不追加。等等。

使用逻辑树的一个大好处是能看到整个森林。逻辑树在那里，第一级、第二级分支清晰可见，一目了然。

逻辑树可以很简单，一棵大树分两杈（最好分三杈），也可以很复杂，到了末梢，枝丫细碎若繁花（最好别超过九层分叉）。

数理化及经济学公式和商业常识往往是形成逻辑树的捷径，至少在没有深入了解疑难问题之前，提供一些容易下手的建塔方式。

比如：

收入=价格×销量。
价格涉及：成本、定价方式、定价策略，等等。
销量涉及：市场份额、销售场景/渠道、销售季节、销售漏斗（知晓范围、尝试率、重复购买率、推荐率等）、促销策略，等等。

竞合策略：涉及竞争和合作。
竞争涉及：愿景（比如"在手机市场上打败苹果"）、

何处竞争、如何竞争、何时竞争、竞争投入和回报等。

合作涉及：愿景、合作模式、合作责权利、合作回报预测、合作风险及其预案等。

市场策略：涉及价值定位、价值宣传、价值递交等。

国家医疗政策：从要素角度建塔，可能涉及公平性、可得性、成本等。从付费方角度建塔，可能涉及全民普惠医疗保险、私人医疗保险、国际医疗保险等。

逻辑树的每层树枝和树枝之间，要尽量遵守金字塔原理：不重，不漏。只要遵守了金字塔原理，不同类型逻辑树没有必然的高低贵贱之分。

最好的个人建塔工具是一个笔记本和一支笔，最好的团队建塔工具是一个白板和一支粗笔。

团队的头儿在白板上带领团队初步建了一个逻辑树之后，还有一个好用的团队建塔工具就是"贴小条"：团队成员每人一沓子 Post-it，对着初步的逻辑树头脑风暴。可以把现有的逻辑树打深一层，可以为现有逻辑树某些枝条提供一些具体例子或举措。

比如：如何尽快获得财务自由？

初步的逻辑树是：第一级分支——尽快挣够钱，尽量少花钱。

拿着一沓子 Post-it，你可以打深一层。比如，为第一级分支"尽量少花钱"打深出第二级分支：尽量少给自己花钱、不结婚/不生孩子、尽量少给别人花钱。

拿着一沓子 Post-it，你也可以给"树枝"添点叶子。比如，给第一级分支"尽快挣够钱"添叶子：尽快娶个富婆，在输得起的前提下投一些超高倍回报的项目，加入有可能给你超高倍回报的创业公司，等等。

如果你和你的团队成员都不能搭建一个像样的金字塔，你们又尝试了虐待彼此脑子两天，还是一筹莫展，怎么办？

三种或许有用的方式：

第一，请教真的专家。找到真的专家，约好他两个小时时间（如果不能更多），团队一起和他见面，给他准备一些小吃（如何给专家准备小吃，也可以成为一个解难议题，也可以通过金线原则解决），保证在访谈过程中他的血糖不低于正常水平，你或者你的一个团队成员主问，其他人补充。

第二，大量阅读专业书和文献。针对要解决的难题，集中三天时间，大量阅读所有相关重要文献、近三年所有文献。

第三，喝点酒之后，团队再次头脑风暴。为了节省时间和节省钱财，喝点容易上头的酒。

又，如果是商业相关问题，如果毫无思路，从投资资本回报率开始，通常都不会错。因此，建议各位读一本关于投资资本回报率的专著，比看一堆会计类的专著更容易理解商业价值创造的总体逻辑。

真的解难高手，绝大多数的商业问题，其实需要的工具极其简单：一支笔，一个笔记本/一个白板，一个简单计算器（手机自带免费的那种就够用），一台网速快且没限制的电脑（如果不用做PPT和数学模型，iPad也够了）。

最复杂、最值钱、最不可替代的，还是你的大脑。

我进麦肯锡之前，对它几乎一无所知，总以为那里应该藏了很多秘密，一个巨大无比、包罗万象的数据库，一群天赋异禀、训练有素的顶尖战略专家，甚至一些独门管理秘籍和独门管理工具。

其实并没有。

没有包罗万象的数据库。很多咨询项目要用的数据要从市场上购买或者咨询顾问自己在互联网上搜索并估算，所有客户资料是严格保密的，你最多能接触到一些行业概况和思考某些特定商业问题的工具、方法、模板。

没有独门管理秘籍，没有独门管理工具。几乎所有关于麦肯锡方法的书都是非麦肯锡官方的出版物。唯一一个我在外边没见过的工具是一套两个树脂模板，画PPT用的，刚进麦肯锡的时候每人一套。这套画PPT的工具并不实用，在实际工作中很少用到，后来，公司也不发给新员工了。的确有些训练有素的管理专家，他们的共同特点是教育背景优异，大学本科基本都是"哈麻牛剑"和"北清交复"，都呈现非常明显的结构化思维和结构化表达。

"为什么我们用的便携式电脑都不是最贵最强力的呢？"我刚进公司的时候问我的导师。

"我们是靠脑子吃饭的，卖脑力为生的。我们不是靠卖算力为生的。"我的导师回答。

除了笔记本电脑之外，我在麦肯锡十年用得最多的工具是：笔记本、钢笔、计算器、白板、星形电话和座椅。

从小学一年级开始，我就有拿笔记本写札记的习惯，到了麦肯锡就更离不开纸和笔。每个本子，我把开始使用的日期和手机号写在第一页，如果丢了，有人捡到后可以通过手机号找到我并送回，奖励1000元人民币。首页之后每一页都一分为二，左侧占五分之四，记录工作相关的事情，右侧五分之一，记录脑子里的文艺和其他怪事情。每个本子倒数的几页都是用来记录TO-DO（要做的事儿）

的。这个习惯延续到离开麦肯锡之后。这样二十多年下来，和进麦肯锡之前的札记放在一起，小小的一堆，小一百本，是最真实的一个人的成长史，是我追忆的似水流年。

进麦肯锡第一年的圣诞节，我给自己买了一支万宝龙钢笔，安慰自己的辛苦，也希望接触最多的一个物件能有很好的质感，提醒我对于自己工作质量保持高要求。

我上商学院的时候买了一个 hp-12c 计算器，进了麦肯锡继续使用。这个专门为金融计算设计的计算器和常规计算器的按键方式不同，我用惯了之后，比常规计算器好用很多。更重要的是，和客户开会的时候拿出来，显得非常专业，懂行的客户心中暗暗佩服。后来智能手机普及，内置计算器足够用了，再带着这样的计算器进会议室就显得非常装，懂行的客户心中或许暗暗咒骂。我就不再带在包里了。

白板是团队开展头脑风暴的神器。松下有款带打印功能的白板是我离开麦肯锡的时候最想带走的三件神器之一。后来智能手机的拍摄功能越来越先进，这种特殊白板也变得鸡肋了。白板上写完，手机一拍，必要时再打印出来就好。

另一件想带走的是星形电话，Polycom公司的，电话会议神器。后来智能手机的耳机和喇叭越来越好，这种电话会议神器也变得鸡肋了。这么看来，智能手机真是干掉了不少其他工具。

另一件想带走的是座椅。麦肯锡的座椅非常舒服，连续四五个小时坐在椅子上做财务模型或者写PPT报告，都不觉得累，腰不痛。听我导师说，这种座椅很贵，公司花了大价钱。后来麦肯锡香港办公室从长江中心搬走，家具全换新的，用购入价十分之一的价格处理旧家具。我买了四把旧座椅回家，这四把座椅就跟着我到了今天。这是唯一一个没被智能手机干掉的麦肯锡神器。

第五条军规：去繁就简。

"删繁就简三秋树，领异标新二月花。"

如果电影是门遗憾的艺术，那么管理学就是门委屈的科学。在管理学里，最佳方案往往是妥协的结果。没有一个个体、机构和团体是在没有任何限制条件下做事的。

有些议题涉及的价值太小，没必要花时间。有些议题涉及的问题根深蒂固，没有任何改变的可能，也没必要花时间。从两个维度去看待逻辑树的所有树枝：潜在价值大小，改进可能性大小。如果时间和资源充裕，可以砍去潜在价值小、改进可能性小的一切树枝。如果时间和资源不充裕（这是更常见情况），直接只保留潜在价值大、改进可能性大的树枝。如果树枝还是太多，再给你一个砍树枝的维度：解难难易度。砍掉非常难的议题，或者先从容易些的议题开始。

所以，设计解决方案时，不要求完美，不要恋战，从最开始就要敢于和乐于砍去应该砍去的一级和二级议题。

决定不做哪些和决定做哪些一样重要。有些时候，少就是多。决定不做哪些可以让你集中脑力去仔细研究那些你决定要做的分析，在那些重要分析上打深一层甚至两层。

对于有洁癖的人，克服洁癖是困难的。最困难的是第一步，承认自己有洁癖。我不在这本书里探讨，我是如何在过去三十年和我的精神分裂症倾向、强迫症、焦虑症和划痕症做斗争的。如果你不能认可"少就是多""少其实是为了多""贪多嚼不烂"等极简主义基本信仰，那你可能需要逛逛墓地、去趟医院ICU、剃个秃头或者在夜里抬头好好看看星空。

竖起金字塔次数多了，砍逻辑树砍多了，你会有一种类似修枝和做手术的快感。

基本逻辑、常识和基本商业知识是你修枝的基础，如果这些不足以给你修枝的勇气，找个相关行业专家或者职能专家深入聊一下。

沿着金线搭建逻辑树的时候，需要秉承金字塔原理（不重不漏）。但是金字塔已经竖起来了，逻辑树已经被认真讨论，在制订工作计划、具体分析议题之前，是砍枝砍叶的时候了。生命苦短，资源有限，不要恋战。你的最终目的不是让金字塔看着好看，不是获得完美答案（记住，没有完美答案，只有最好答案），你的目的是解难。金字塔只是工具，不是要追求的目的。

奥卡姆剃刀定律（Ockham's Razor）：如无必要，勿增实体，越简单，越有效。奥卡姆剃刀定律由十四世纪英格兰的逻辑学家、圣方济各会修士奥卡姆的威廉（William of Ockham，约1285年至1349年）提出。正如他在《箴言书注》2卷15题说，"切勿浪费较多东西去做，用较少的东西，同样可以做好的事情"。

另一个角度是：用较少的东西，在同样成本下，可以用更高质量的东西。思考较少的议题，在同样时间和脑力下，可以产生更高质量的分析。

用你的奥卡姆剃刀去砍掉你金字塔上任何明显多余的东西吧。

去 繁

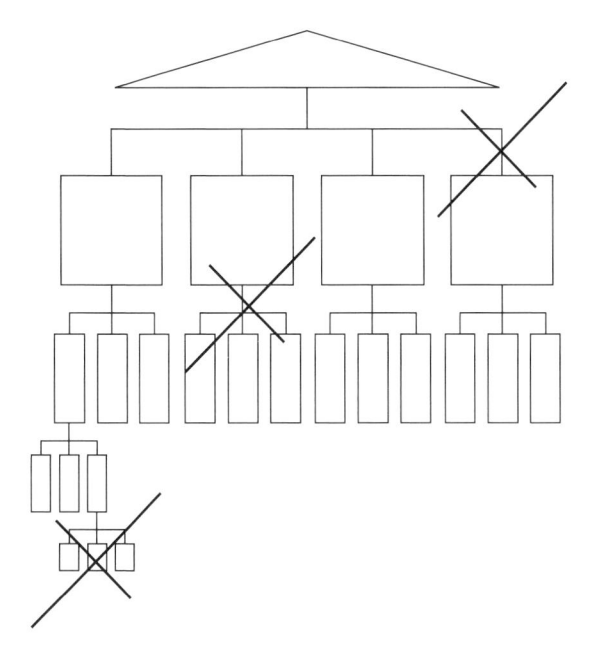

※ 集中精力做大事

※ "二八原则"

※ 短发女生也可爱,和尚也美

第六条军规：工作计划。

在问题界定明确和议题树明确之后，需要制订一个切实可行的工作计划。工作计划应包括：工作流（议题树的某个或某几个分支）、责任人、协助人、递交物，以及递交时间，等等。

核心团队成员一直需要知道：各个成员都在做什么、大致在怎么做、为什么要这么做等。团队的整体目的确定之后，效率最高的做法是各个核心成员的努力能形成合力。在管理学领域，很多脑力超群的团队（甚至包含一个或几个天才级别的团队成员）最终不敌脑力一般的团队，主要原因就是脑力超群的团队不能齐心协力，个别人拿出去，兵是兵，将是将，但是一起拿出去，就不是一支有战斗力的队伍，甚至构不成一个能打的团伙。

带很强的队伍，我常常想起俄国寓言：《天鹅、梭子鱼和虾》。

天鹅、虾和梭子鱼是好朋友,它们三个商量着,准备一块儿拉车到城里去。

这天,它们把车子准备好,东西也都放上去了。三个好朋友把拉车的绳子套到身上后,开始拉车了。可是,它们使尽全身力气地拉,车子却一动也不动。咦,到底出了什么毛病呢?我们来看一看。

天鹅把绳子的一头拴住车子,自己拉住了绳子的另一头。然后,展翅飞向高空。虾呢,它只会往后蹦,它把绳子套在身上拼命地往后拉去。至于梭子鱼呢,它更干脆,拉住另一个绳头,往池塘底下猛拽。

它们三个都在拼命地拉,可是忙了半天,车子还是在原处。

天鹅、虾和梭子鱼是好朋友,它们有一个非常明确的共同目标,它们也都按照它们自己对于任务的最好理解(这也常见。几乎所有人都是从本能出发按照自己的想法去做事的啊），尽了最大的努力，但是车子一动不动。

如果它们不是好朋友，如果它们没有明确的共同目标，如果它们没有尽心尽力干，情况或许更糟。

到底出了什么问题？

团队不能齐心协力最主要的原因是：没有商定一个共同认可的工作计划（Work plan）和明确工作方式（Team norm），而不是团队中有个别人故意破坏或者极度不合群。极度不合群的，什么时候都要在舞台中心闪烁的，不管现实如何打脸总是觉得自己特别棒的，的确有，但是达到极端状态的，的确不多。在我前半生里，我只见过两三个。他们都有比埃及胡夫金字塔还大的自我，"要么名垂青史，要么遗臭万年"，详细描述他们的各种糗事远远超越了本书的范围，且待下回分解。

工作计划确定之后，解难进行一段时间后，可以根据实际情况调整。

在团队成员之间相对平衡地分配工作，避免忙的忙死，闲的闲死。

结合工作需要和学习需要分配工作。一方面满足团队成员学习新技能的需要，一方面兼顾工作效率，按质按量完成工作。

不要低估年轻人和新人的学习能力，不要低估年轻人和新人产生的新视角，不要低估通用管理学的工具、方法、模板的作用。聪明好学的年轻人，正确学习掌握相应的工具、方法、模板后，对于解难所能产生的巨大能量，往往让我惊喜。

最早看出皇帝新衣问题的人，最早高声喊出皇帝新衣问题的人，是个孩子，不是那些成人。对为什么会这样的详细分析也远远超出了本书的范围，且待下回分解。

通用工作计划模板如下。

工作计划

议题	假设	分析	资源	责任人	递交时间	递交物

制订工作计划中的常见错误：

没头苍蝇：一直超级忙碌，基本不睡觉、不吃饭，一直在做各种分析。其实，一直在做无用功。和剪枝后逻辑树的无关分析，不要做。已经到了工作计划阶段，不要再说"我花点时间、找点资料，想想那个不在工作计划里的事儿"。

没有递交物：一直超级忙碌，一直在做该做的分析，但是要交稿时，就是交不出来东西，或者交出来的东西都是垃圾。要时刻提醒自己，使命必达，要有时间观念和最终递交物思维："我在什么时间之前一定要交什么。"关于递交物的最佳实践是：把最终递交物的样子在第一天／第一阶段就呈现出来。在制订工作计划时，不要先排做具体分析的计划，要先排做最终递交物的计划。逼着自己和团队先写出最终递交物的框架：故事线（Storyline，Word文件）和故事板（Storyboard，PPT文件）。这样，团队工作更容易聚焦，团队成员做的每一个分析、每一张PPT都对最终解难方案有直接贡献。

没有截止时间： 不可以没有截止时间（Deadline）。除非极其特殊情况，要像敬畏星空和神灵一样敬畏截止时间。遇到困难，可以沟通，可以寻求帮助。但是，不能允许在截止时间不递交成果。临近截止时间前后，不接受任何不能在截止时间之前完成任务的借口。

挑硬骨头先啃： 别拧，别犯傻，先做意义最大的分析，先做容易做的分析，然后再做意义挺大但是难度超大的分析，最后再做那些锦上添花的分析。

板子打不到人： 三个和尚没水吃。必须明确责任人，某个具体事情如果没有第一责任人，就是没有责任人。

花太多时间在工作计划上： 工作计划不是工作的全部，它只是工作的一部分，高效的工作计划不能超过两页，最好只是一页。哪怕你是项目经理，你也不要做工作计划上瘾。多花时间在具体议题的分析上，而不是在工作计划上。做工作计划，前三个星期具体一些就好，不要试图把三个月的工作计划都做得天衣无缝。你做不到，而且还会消耗大量时间和精力。无常是常，变是唯一的不变，前三个星期的工作很可能改变如今觉得非常完美的逻辑树。过了三个星期，再细化下一个三个星期。

最后，即使你是项目经理，你也要给自己安排一些非常具体的议题分析。身先士卒，永远是极其有效的激励团队的方式。

第七条军规：调查研究。

进去的是垃圾，出来的也是垃圾（Garbage in, garbage out）。

如果输入的信息质量差，甚至不真实，那么再好的分析也只能产生完美的错误结果。一块臭肉怎么也做不成一块美味的东坡肉，一块黄铜怎么也拉不出一条金线。

收集资料往往需要耗费大量时间。

如果可以花钱买数据，那就花钱买（当然要注意数据质量和数据口径），不要消耗你或团队成员宝贵的脑力。

不要试图拥有所有数据。拥有全部数据是不可能的，没有全部数据也不应该成为你不能做分析、提出解难方案的借口。

基于事实。不要给数据上酷刑。

带着问题去收集资料、带着假设去收集资料。在收集资料、分析议题、总结归纳新发现的同时,时时刻刻想着,这些新信息对于解难方案的假设意味着什么、我们还迫切地需要知道什么、我们距离拿到最佳解难方案还有多远。

一个常用的随时总结当下解难方案的工具:福尔摩斯探案法。谁在什么地方什么时候干了什么?如何干的?为什么要这样干?(Who, what, where, when, how and why)

举例:女王怀孕了,谁干的?

另一个常用而且好用的随时总结当下解难方案的工具:标 — 本 — 药。

标:如今的问题是什么?症状是什么?有哪些重要表象?机会是什么?

"不要给我一大堆无序的数据和杂乱的事实。我不想读你的《追忆似水年华》,我想知道你过去十二个月运营现金流的递减速度。"

本：问题的根源是什么？

"别扯什么今晚的夜色很美，别唱《满江红》，深挖思想根源，你到底为什么成了油腻的中年猥琐男？"

药：如何去病根儿、消病症，开花结果，创造价值？

"别说那些放之四海而皆准的片儿汤话，'我们要激发所有人的潜能，我们要以人为本''大众创业、万众创新'，到底要怎么做？越具体越好，越明确越好，行动越清晰越好。生死看淡，不服就干。"

举个例子：

标：又年轻又美又"哈麻牛剑"又一米七八又一头黑长直发的富二代小妹妹，长期找不到男朋友。

本：不是性取向问题，她是纯直女。不是性格问题，她不打男生，不骂男生，也不死宅。高度怀疑，她父母对她要求太高，对于她的男朋友要求更高，呈现"要，又要，还要"综合征。比如，要求潜在男友年轻、帅气、本科"哈麻牛剑"毕业、身高一米八五以上、六块腹肌以上、净资产三千万美金以上、无精神疾患、其父母没可以预见的牢狱之灾，而且未婚，最好没有婚史甚至还保有童男之身。

药：让父母醒醒，全面降低标准，建议只剩一个——好看，好看到女儿一看就想扑倒他。

第八条军规，集思广益。

解难的团队结构需要扁平，最好两层，项目经理和项目成员。不要超过三层，项目分管领导、项目经理和项目成员。

如果大集团里不允许有这种扁平结构，那就成立特别项目组／领导办公室，专门为一些项目成立，项目做完就解散。

所有项目成员（含项目领导）都要参与到解难的脑力工作中来。项目领导和项目经理不能高高在上，必须下场、湿手、湿脚、湿身，和大家一起头脑风暴、集思广益。这才能保证解难方案的质量，这才能让新人高速成长、让领导不脱离前线，这也是快乐的源泉。"把问题想清楚、说明白，爽，很爽，特别爽！"

头脑风暴。头脑，风暴。头脑是好东西，你要用起来，"让风暴来得更猛烈些吧"！什么叫风暴级别？头脑风暴之后，你如果感到你自己的脑浆子有些木、有些痛，那才算风暴级别。

脑 暴

※ **要脑子们参加，而不是"行尸走肉"**
※ **要在脑子们清醒灵动之时，必要时，微醺**
※ **不要超过两个小时，最好 90 分钟之内**
※ **别看手机**

在头脑风暴中，没有人员行政级别的高低，大家都是头脑风暴的一员。崇尚逻辑和智慧，最好通过脑暴达成共识，以金线原理服人，以智慧服人。项目领导也没有一票否决或一票赞成权。

三个臭皮匠胜于诸葛亮，相信几个人类头脑碰撞的力量。尽管做过这么多次头脑风暴了，我还是常常惊诧于头脑风暴产生的神力。如果按照本书交代的原则进行头脑风暴，一个人脑加一个人脑可以绝对大于两个人脑，你能理解为什么人类能够在过去十万年里战胜那么多天灾和猛兽，达到如今的繁盛。

再好的作家也需要"起兴"，再强的头脑也需要"起兴"。平等、尽力、尽兴之外，头脑风暴时不要讲太多规矩，谁想说什么就说什么，先说的头脑往往可以激发其他头脑，后说的头脑也能进一步激发已经说完了的头脑，如此，头脑相互激发，形成完美风暴。

需要在团队成员脑子最有精力和创意的时候，必要时，喝点酒，微醺。适量的酒精可以让人脑子变快，话变多，甚至突破一些微醺前突破不了的脑力桎梏，让金线金光闪闪。

几个天资聪颖、训练有素的头脑进行头脑风暴，能产生的能量是惊人的，能给参与者带来的满足感是爆棚的。我真心希望，你看完这本书，反复练习金线原理，反复进行头脑风暴，再看一遍这本书，两三年之后，你也能成为一个强悍的解难者（Problem solver）、成事者（Those who gets things done）。在我解难的实践中，我观察到，两三个强悍头脑脑暴的效果常常远超一个强悍头脑自己冥思苦想、皓首穷经，一加一绝对大于二。脑力是人力中的原子能，人力中的魔力，集体脑力形成的头脑风暴更是原子能中的原子能、魔力中的魔力，善用之！

在头脑风暴的过程中，不要满足于平庸和够用，要压榨你自己和团队其他成员的头脑，务期获得真知灼见。

培养和使用脑力，产生智慧，是性感的。参与强悍脑暴是超爽的一件事，甚至观察强悍脑暴都是超爽的一件事，仿佛看火中的烟火，看石头中的宝石。

我怀念在麦肯锡的时光，最常怀念的还是那些强悍的头脑风暴。三四个人，一块白板，一个晚上，一个"不唯上、不唯书、只唯实、只唯智"的解难气氛。不觉天光渐白，大脑累瘫，拒绝再转，"就到这儿吧，就是它了。如果我们没想好，地球上没有其他活着的人能比我们想得更好"。关上电脑，回酒店睡觉，内心充满舍我其谁的肿胀。

这种肿胀类似协和医学院老教授们给我讲责任时的肿胀："患者和死亡之间最后剩下的一道防线就是你，你是协和的医生。在你想偷懒的时候，在你想放弃的时候，你就想想刚才我告诉你的那句话，你是最后一道防线。"

晚上十二点之后，最好不要头脑风暴。否则，可能严重影响睡眠。

共　想

※ **晚上 12 点之后不再开会**
※ **周末不开会**
※ **太饿不开会（按时三餐）**
　……

做具体分析时，常常会犯以下五种错误：

确执。死抓着第一天假设和第一天解难方案不放，拼命要确认它，忽略任何与之不同的信息和声音。在生活中类似的事情是奶奶魔咒，"我奶奶说的，崴脚之后要热敷""不对，我姥姥教我的，崴脚之后要冰敷"。

初执。死抓着最初一组数据或事实提示的答案。在生活中类似的事情是初恋魔咒，"曾经沧海难为水，除却巫山不是云""记得绿罗裙，处处怜芳草"。

丧执。死抓着沉没成本不放。过去的经验教训和人脉是有用的，但是过去的沉没成本没有任何用处。放下，放下，放下。多想它一次，都可能造成对未来判断的负面影响。多看它一眼，就是你输。

有执。你有的，你会的，你擅长的，不一定是最好的、最适合的、最正确的。"已有"可能是"将有"的敌人。

信执。过度自信，过少考虑可能的风险，特别是一些似乎小概率的巨大风险。

第九条军规：数据说话。

多数时候，在商业环境里，数据比文字描述往往更准确可靠。

多数时候，在商业环境里，用不到高等数学和理论物理，甚至中学时候学习的几何和三角函数都用不上。但是，有时候会用到统计学软件，更多时候会用到统计学思想。如果你想在商业环境里显得更科学一点，建议选修统计学，如果已经学过，建议再重新看两遍。

除了页码之外，如果连续三页PPT上面没有一个数字，很有可能是有人在偷懒，在凭借自己的经验做纯输出，另外一种可能是，有人在狂喷（Bullshitting）。

如果有人总是不用数字说话，总是用非常模糊的定性语言描述经营状况和经营结果，很可能让周围人非常抓狂。

"请问,最近冯唐的新书《成事》卖得如何了?"

"还行吧。"

"请问,还行是多少?"

"还不错。"

"请问,还不错是多少?"

"以前进的货都卖空了,最近进的货还剩一些。"

"请问,以前进了多少货?多少天卖了多少?最近进了多少货?还剩下多少?还能支撑多久?再进货需要多少时间?出版公司自己还有多少库存?还能不能供得上?你知道吗,加印也是需要委印单的,加印也是需要时间的。"

"应该差不多可以吧。我想,应该差不多可以。我去盘点一下哈,我也去问问上游货源哈。"

嘿嘿。呵呵。嘿嘿。

用数据说话，尽量用数据说话，尽量逼自己用数据说话。这样，管理容易越来越精确，别人也越来越不会被你逼死。

数据的确也是有弹性的。它可以更"满江红"一点，也可以更"声声慢"一点，可以指向正东，也可以偏东。就像有些女生（当然男生也一样）化化妆、穿件适合自己的衣裳、喝几口酒，魅力值就比平时高好几度。但是不要期待质变，不要期待猪八戒他二姨在妆容、服饰和酒精加持之后就能变成林青霞。

我上商学院的时候，有门课叫数据挖掘（Data mining）。授课教授办公室的门上贴了一个条子：如果你严刑拷打数据，它什么都能招（If you torture the data hard enough, they can yield to anything）。

我想强调的是，要客观。如果你用常规的数据处理方式第一遍处理数据，呈现三七开的结论，和你的最初假设不完全相符，那么你最多按摩数据，让结果呈现四六开。如果你拷打数据，让数据呈现五五开甚至六四开的结论，你就是在说谎。说谎的人，特别是用数据说谎的人，不能留在团队里，尽快开除。

在用金线原理解难上，不说谎，不是金线，是底线；不是高要求，是最低要求。

第十条军规：依靠常识。

常识是什么？常识是多数人没有的那些东西。

增加常识的方式不多，这么多年来也没什么变化：多读书[1]，多行路，多逛博物馆，多接触社会/多做事/多成事/多挣钱，多接触有常识的人/多听有常识的人讲话。

另外，常有意识地记数字，读任何文章和书籍时，遇上任何数据，有意识地记记。不求每个数据都记得，只求留下一些印象，这些印象可以相互参照，做比较，完善自己脑子里对于世界的基本看法。

菲律宾是个小国？不不不，菲律宾人口超过一个亿。

---

1 含定期阅读《经济学人》(*Economist*) 这类有营养、有常识、视野宽阔的杂志。

伦敦，吃得很差？不不不，那是多数人的刻板印象。伦敦有五家米其林三星餐厅，数量和纽约一样。

我对常识的定义：八九不离十，不必很准确，但是大致不离谱，不求寻常巷陌，但求大方向正确。如果打深一层，常识是人类主要学科里最基本的原理，数、理、化、天、地、生、文、史、哲。数学的常识是小学应用题、代数、几何、基础统计学。物理的常识是从牛顿、莱布尼兹到爱因斯坦，是经典力学三大定律和万有引力定律，是热力学三大定律，是狭义和广义相对论。化学的常识是元素周期表，是反应方程式，是无机化学、有机化学、定量化学、物理化学、生物化学等二级学科里最基本的知识。天文学的常识是星图，地理学的常识是地图，生物学的常识是基因，文学的常识是一百部经典长篇小说，史学的常识是《资治通鉴》和《全球通史》，哲学的常识是《诸子百家》和《西方哲学史》。

第十一条军规：善用专家。

专家用好了，是一条捷径中的捷径。"听君一席话，胜读十年书。"

专家用得不好，你的解难方案可能充满僵化的成见，一股平庸老专家的味道，质量低下。

在用专家的过程中不能失去自我，你的脑子、你团队的脑子，永远是金线原理的执行者。不能用别人的脑子代替自己的脑子，不能让你的脑子仅仅成为一个简单的汇总信息工具。简单汇总信息，AI已经能做得很好了。

如何判断一个专家是不是个好专家？看他教育背景：本科所在学校、硕士/博士所在学校是哪所？导师是谁？他长期工作的所在机构是否够专业？看他的著述和出版物，用你的脑子判断，他是否有料。看他在行业中的口碑如何。和他见面聊聊，用你的脑子判断，无论是否受过严格训练，他是否有足够的结构化思维和结构化表达的金线。

注意，慎用已经长期当了官员的专家。

如何善用专家？其中非常重要的一条还是你自己要会问问题、问出好问题。会问问题是一个超级能力，最好的练习方式是秉承金线原理解难题、多解难题、持续多解难题，在解题过程中，沿着金线原理多问好问题（和专家测试你的假设、数据/事实的质量、金字塔/逻辑树是否不重不漏、逻辑论证是否扎实等）。另外，观察周围，看谁非常善于问问题，不容分说就拜他为师，多多观察他如何问问题。

第十二条军规：善于估算。

解难者的估算能力是另一个超级能力。在麦肯锡，我们形象地把估算称之为信封背面计算（Back of envelope calculation）。意思是，哪怕一个超级重要的数字，你也可以用一支笔在一个信封的背面计算出来。不用超级计算机，不用PC，甚至不用计算器，只用一支笔，只用信封背后那么一点空白地方（信封正面写了收信人的地址和姓名，空白地方实在太少了）。

有些估算需要依仗一些基本数学原则。比如，72原则（Rule of 72）：72除以增长率的100倍就是基数翻倍的年数。比如，1亿销售额，每年大致增长8%，9年左右，销售额达到2亿。

大多数估算依仗的是常识、洞见以及司马光砸缸式的机智。

2022年6月23日，我在伦敦的住处终于安光纤宽带了。我在伦敦住在白金汉宫旁边，查了一下威斯敏斯特政府的档案，房子有小三百年的历史了，估计原来是给在白金汉宫上班的人住的。因为周围太多历史文物级的建筑，缺少现代化基础设施，能接入房子的宽带还走原来的固定电话线，最高上传速度是每秒钟2M，而我一周需要上传100G左右的讲课音视频素材。终于有一天，房子前面的小路被刨开，装了光缆。我登记四周后终于被通知，可以光纤入户啦。我看着撅着屁股在书房墙角打眼儿通光纤的工作人员，想起了1985年夏天我家初装电话的那个阳光明媚的下午。

1985年，我还上初中，电话还是个稀罕玩意儿。我哥已经开始工作，做导游，走在改革开放的最前沿，需要一部电话联系业务。装电话那天，我哥还在带旅行团，我放暑假在家，一边看书，一边招呼安电话的工作人员，他们三人叼在嘴角的香烟一旦快灭了，我就给人家补上一根。我记得非常清楚，我哥说，我们家级别不够，父母和他都不是够级别的官员，安电话需要一大笔初装费，人民币5000块。我当时只知道是一笔巨款，但是到底有多值钱，我没概念。

问题来了：1985年北京电话初装费人民币5000元相当于2022年多少钱？

我的答案：相当于人民币50万到200万元左右。

我的估算：我爸妈1985年每月的工资是50到100元左右，我爸妈这个级别的技术员在2022年每月的工资应该在1万到2万元左右，是1985年的100到400倍。用这个100到400倍去乘人民币5000元，就是人民币50万元到200万元。如果需要进一步缩窄范围，就报100万左右。

下一个有意思的问题是：如果1985年你在中国，你有5000元人民币，投资什么到2022年回报最高？这个问题就不在这本书里展开啦。

第十三条军规：慎用杀器。

大杀器就是复杂计算工具。慎用。哪怕再复杂的计算工具和无常是常比较，还是简单到可笑，所以人类没有已知的复杂计算工具可以预测明天任何一只股票的涨跌。另外，再复杂的计算工具，其精确度取决于输入数据的精度。如果有选择，宁可选简单的计算工具，花更多时间和精力在梳理输入数据上。

尽管你带着几个宇宙最强大脑，尽管你和你的团队成员都精通各种复杂统计软件甚至能自己编程，面对世界上最复杂的管理问题，请抑制住自己使用复杂计算工具的冲动。

狗改不了吃屎，人总是重复历史，几千年过去了，我们人类面临的多数管理问题还是和《资治通鉴》里描述的类似，我们解决这些管理问题的工具、方法、模板其实和《资治通鉴》里描述的工具也类似。《资治通鉴》里没用到过高等数学，我在麦肯锡十年，也没用到过。解决管理问题的难度在于对金线原理（结构化思维和结构化表达）的理解和掌握、人性编码的熟悉、常识的丰富和创意的精彩，"世事洞明皆学问，人情练达即文章"。

我在麦肯锡十年的工作中，用到最多的数学是算数，是小学高年级的应用题。我在麦肯锡十年的工作中，没用到过高等数学，没用到过计算机编程，用到过最复杂的计算工具是 Excel、Access 和 SPSS。

远离高等数学、多元回归、机器学习、博弈论等。如果你大学学的是数学、力学、理论物理等，如果你有抑制不住地显摆自己数学修为的冲动，我建议你深入钻研统计学及其相关数据挖掘，这些和解决实际管理难题关系近些。

第十四条军规:狂开脑洞。

避免思维定式。自由思想,独立精神,听上去玄远冷峻、高简瑰奇,其实非常耗能,绝大多数人做不到,有些人想做,也是叶公好龙。

你熟练掌握了结构化思维和结构化表达的金线原理之后,你可以合格地处理这个世界上的一切难题。但是,金线原理只能保证你在绝大多数问题上拿到七八十分,不能保证你拿到九十分甚至一百一十分。金线原理完全不能保证你有创意。

但是我至少要在这本《金线》里和你强调:金线原理是一切的基础,但是有时候并不足够。如果你想拿更高分,你需要狂开脑洞,你需要创意。

如何开脑洞?如何获得了不起的创意?我不知道。因为我不知道,我意识到AI的局限:人脑都不知道神来之笔是怎么来的,如何设计计算方式让AI能有神来之笔?

我能想到的有助于开脑洞的方法:逼自己换个角度看一些核心议题,换个方法做一些核心分析;喝酒,多喝酒,多喝很多酒;去大自然里,去大自然里跑十公里,在湖边发呆,被落花和坠落的苹果砸头;多逛博物馆,包括现代艺术博物馆;多读书,多读奇书(含《不二》和《素女经》);多去一些古怪的地方;多和怪人、奇人喝酒聊天。

我因为从小爱看书,参加工作后又一直超级忙碌,我一直暗示自己多读书、多干活就够了,"世间数百年旧家无非积德,天下第一件好事还是读书"。但是四十岁之后,各种机缘巧合,我开始主动去一些地方(原来去任何地方,全是因为工作出差,出差就是机场、酒店、会议室三点一线),更广泛地逛博物馆和美术馆(原来即使是看大英博物馆和大都会博物馆,也只是看我最感兴趣的中国高古玉器和高古瓷器),更厚脸皮地约见怪人、奇人。我发现,光读书和干活还是不足够的,新的地方、博物馆/美术馆还是能给我很多新的启发,增长智慧,积蓄狂开脑洞的能量和可能。我还发现,还是要见一些有趣的活人,见活人喝酒聊天获得的信息远远多于看他们的作品或者看他们的视频。

如果某个解难过程中非常需要狂开脑洞，认真考虑组队时引入背景独特的队友，比如本科学美术史的、有精神分裂倾向的、有成年多动症的、出过诗集的、登顶过珠峰的、连续创业失败的等。

我测过我的基因组。我的基因报告显示，在疾病易感性这个维度上，其他都基本正常，但是精神分裂症倾向超过常人132倍。我表面淡定，内心惊恐，找精神科著名的马教授请教。

"别担心，你三十岁之前没发病，三十岁之后发病的可能性就不大了。而且，还恭喜你。这种精神分裂症倾向很可能帮助你从事多种性质完全不同的活动，帮助你跨界成功。你又能做企业管理，又能写情色小说，和这种精神分裂症倾向很可能正相关。"马教授说。

第十五条军规：耍滑偷懒。

在管理的世界里，偷懒和不作为有时候是一种美德。比如，CEO"偷懒"，放手让手下去按照自己的想法往前做。比如，在解难过程中，愿意接受一定的不确定性，不求尽善尽美，基本够用了就不再穷追猛打，见好收兵。

和二八原则类似，耍滑偷懒不是真的耍滑偷懒，是为了成就更多。而且，耍滑偷懒在更深一层还有两种智慧：授权给别人去做的勇气和担当，明白人力有限所以接受天命。

要明白，你还有更重要的事情要做。别人，特别是你的领导，除了这件事之外，还有更重要的事要做。

我在麦肯锡有过很多不能合眼的夜晚（all nighters）。每次整个晚上没觉睡，我的肉身都非常痛苦，好几天缓不过来。最多一次，我六十八小时没有合眼，合眼之前我在酒店房间里照了一下镜子,本来全黑的鼻毛白了两根。

每个不眠之夜后,我都复盘。我可以确认,几乎每个不眠之夜都是不值得的,都是为了某个没想明白的领导而做了无效工作。

奉劝所有霸道总裁,放下我执,留下最后一句负面评价在自己的肚子里。与其批评,不如请团队成员放下手里的活儿,走出写字楼,去清风朗月里喝杯酒。

第十六条军规：秉持公心。

做公司，最重要的是人，人是一个公司的核能。但是，人开始一起做事，事大于人，"戏大过天"，我们一起发力做的这个事，在这段时间里，大于你我，甚至大于天。事大于人，更大于你自己的自我（Ego）。

在事面前，人退后。在团队的利益面前，个人退后。事成了，人就成了。团队牛了，队长和团队成员也就牛了。

我在麦肯锡的时候，诚心请教过我的一个长期客户："老哥，您这么多年做了好些投资和并购，包括并购一些欧美企业，至少现在看，没有一个失败，全是成功。这不符合常理啊！您的成功秘诀是什么？"

"没有私心。在做项目时，没有私心，把自己放在事后面。"我客户和我说。

"就这么简单？不是您天赋异禀？"

"就这么简单。我没啥天赋，我普通人一个。"

我反观那些失败的例子，我见了太多"哈麻牛剑、北清交复"毕业的精英为了自己的一时之爽、一时之牛或一时虚荣毁了团队和毁了要成的事情。这些人成了自己 Ego 的奴隶，被自己的 Ego 驱使，一把好牌打得稀烂，最后没有成事，也没有成就自己。

第十七条军规：实事求是。

有些鸟来到这个世界，就不是为了躲枪子儿的。有些人来到这个世界，就是为了成事的，而不是为了躲事的。成事的一个重要基础就是：实事求是。费尽心力去遵从金线原理，把事想清楚、说明白，如果到最后不能实事求是，那一切归零。其实，有时候不实事求是，不仅仅是归零，还会出现负数。

作为解难者，底线的底线是：不能指鹿为马。

赵高欲为乱，恐群臣不听，乃先设验，持鹿献于二世，曰："马也。"二世笑曰："丞相误邪？谓鹿为马。"问左右，左右或默，或言马以阿顺赵高。或言鹿者，高因阴中诸言鹿者以法。后群臣皆畏高。

赵高是坏人，没得好死。作为解难者，不做赵高是底线的底线。

一旦遇上指鹿为马的人、机构或环境,快走。"危邦不入,乱邦不居,天下有道则见,无道则隐。邦有道,贫且贱焉,耻也。邦无道,富且贵焉,耻也。"

求真不一定能得真,但是不求真,那还能求什么呢?还有什么更能依靠呢?

第十八条军规：鼓励异见。

任何个人，包括领导，都有局限性。有时候是知识结构的局限，有时候是智商、情商、成长背景和常识积累的局限。

真正伟大的解难团队要强调表达反对意见的责任（Obligation to dissent）。注意，不是反对的权利，是反对的责任，如果你不同意，你必须高声说出来。哪怕你是团队中级别最低、资历最浅的，你也有表达反对意见的责任。尽管你级别最低、资历最浅，但是你在某些议题的最前沿，最了解一手资料，对于这些议题，你比其他任何人都有发言权。

团队里级别最高、资历最深的人应该是此原则的第一推动者。

如果资深人士反对和破坏这个原则,他注定不会成为一个伟大的解难者。在麦肯锡,这样的人会被开除。

坚定地反对但是不让人反感,是个技术活。一个常用技巧是设问:"如果假设能成立,我们需要相信什么?"(What would you have to believe？)另一个常用技巧是用事实和数据说话。事实和数据胜于雄辩,逻辑胜于情感。

晓之以理,动之以情。先用事实、数据、逻辑和金线原理说话,说完了,说不出来了,再谈感情,再动之以情。

第十九条军规：提纲挈领。

所有关键议题解决完，不是解难的终点。

千万不要忽视交流。团队知道了这个了不起的答案，和决策者/重要利益相关方知道这个了不起的答案不是一回事，和决策者/重要利益相关方认可这个了不起的答案不是一回事，和决策者/重要利益相关方会坚定执行这个了不起的答案也不是一回事。

我见过很多失败的解难努力。和常识不符的是，大多数失败不是因为没能遵循金线原理，不是没能建好一个基本合格的金字塔，大多数失败是因为没有做好总结归纳以及没做好之后的沟通。仿佛一个团队辛辛苦苦建好了一座壮丽辉煌的金字塔，但是没有修好一条路让世人来到它的面前，没有向世人揭示它的了不起。

除了不重视之外，还有什么困难妨碍了总结归纳和充分沟通？

可能是正常人类对于写作的厌恶。对于很多人来说，写作比收拾屋子、锻炼身体、保持体重更违反人性。有些时候，人们说"不会"，是客气。有些时候，人们说"不会"，是真不会，比如，面对多重积分，比如，一个小时之内写完一篇符合金线原理的千字文。

可能是正常人类对于海量信息的恐惧。在当今互联网科技的辅助下，三四个强悍人脑连续工作三四个月之后，会有海量的信息产生。这些信息说明了什么？森林越长越密，阳光越来越暗淡，穿越森林的道路在哪里？更令人恐惧的是，这些信息不能自洽，甚至相互矛盾。海量信息喂大的数学模型提示成本控制是问题的症结，而高管和专家访谈提示坏账才是真正的问题所在。黑森林里，天光已暗，在漫无边际的黑暗里，不同人和事物提示不同的方向，分清东西南北常常变得非常困难。谁有信心坚定地朝一个方向走去？又是谁给他这种信心？

也可能是团队领导缺乏关键时刻的领导力。队长对于写作的厌恶、海量信息的恐惧、做最后结论的犹豫远远大于队友们。麦肯锡有个内部专有名词叫最终项目汇报会（Final progress review），也就是团队向客户/CEO做最终汇报。在麦肯锡咨询项目中，这个会是整个项目中最重要的一个会。做好了，皆大欢喜，稍稍修正一下最终汇报文件，就可以正式结束项目了。做不好，留给项目团队改善的时间已经很少了，剩下的时间里，能睡觉的时间就很少了。

我曾经作为团队成员参加过一个项目，距离最终项目汇报会还剩七天，已经做了海量分析，队长还没有勇气写最终汇报文件的故事线。我和另外一个队友认真聊了一下，如果当晚还没有明确不变的故事线，我俩无法基于基本确定了的故事线继续做PPT文件，我俩之后七天就别想睡了。吃完晚饭后，我俩把队长堵在他酒店房间里："我们已经讨论几次了，结论也没那么难下。也给了您一些时间，让您想想还有什么破绽。好了，不能再拖下去了。明天天亮之前，您必须写完故事线，而且，在最终项目汇报会之前，不能变了。在天亮之前，如果您还是写不完，我俩之后七天就没有睡眠了。我最长时间是连续68小时没睡，七天，我撑不住，会死人的。"

如何克服这些人类桎梏？作为一个团队，如何提纲挈领拿出最终汇报文件？

答案并不用他求，答案还是应用金线原理和金字塔原理：用金字塔的结构，从下到上总结归纳所做的关键议题分析，一层一层往上得出结论（极少数情况下，金字塔原理不适用，那就继续应用金线原理，用非金字塔原理的逻辑推导出真知灼见）。在宇宙中不易被风吹散！

三四个人的团队，每人每周工作80到100个小时，如此工作了三四个月，终于到了重新审视第一天答案的时候啦，终于到了把假设确立为结论或者推翻的伟大时刻啦。如今金字塔一层层清晰而坚固，总结归纳，把塔尖竖起来吧！让金字塔如太阳般耀眼，如水晶般清澈！

再复杂的问题，也能总结归纳成一段话，甚至一句话。

这段话、这句话要充满真知灼见，要有具体行动。带着这样的真知灼见，做这样的具体行动，逐步落实解难方案，让自己的生活更美好，让自己所在的机构更强大，让世界更美好。

有些人强调用PPT说话的重要性，有些人强调用数字图表说话的重要性。我都同意。但是，我必须强调，说到底，用最简单、直接、明确的词语说话，最重要。

你在电梯里、洗手间里、饭桌上就不能和CEO们沟通了？没有PPT和Excel你就不会说话了？

我四十五岁之后，开始拒绝做PPT和Excel，尽管我知道它们的力量。我和自己说，如果我不能用三页Word总结归纳，不能用三页Word说服别人，就算我输了。当然，这是一个进阶的高要求。如果你才开始修炼管理之道和成事学，先别着急，先学好PPT和Excel。但是，不要过分迷信这两个工具。智人已经繁衍十万年了，《资治通鉴》已经存在一千多年了，张仪和苏秦在战国七雄之间纵横游走已经是两千多年前的事了，PPT和Excel存世才不过三十多年。要相信面对面，眼对眼，你说出总结归纳好的真知灼见的力量。

小心！再精练，也应该是一段言之有物的话，而不是一段空洞的废话。

在这个世界上，有很多人爱说漂亮的废话来显示他们的了不起或者应付局面。我的建议是，如果这些人不是你的父母或者你的领导，你直接拉黑这些人，多看他们一眼，算你输。

如何定义漂亮的废话？漂亮的废话就是：听上去很美，但是不可能错的话。

当然，最终项目汇报文件不可能只是一句或是一段话。除了极其个别的天才CEO，没人愿意花了那么多钱请似乎那么聪明的几个人那么辛苦地工作了好几个月，解难方案最后只有那么一两句话。即使是极其个别的天才CEO，他也需要一沓更厚的文件来和他的团队沟通。

我曾经做过管理咨询服务的一家大公司CEO问过我："你知道你们平均一页PPT要收我多少钱吗？"

"我还没这么算过。"我回答。我真没这么想过，当然也真没这么算过。

"我算过，一页PPT，两万人民币。"

"那还真是不便宜。我下次带团队少写几页。"

"那不解决问题,你总价是一样的,少写几页,一页的费用就更高。"

"老哥,智慧不是用页数衡量的,我不是卖废纸的,您也不是收废纸的。钻石和煤炭都有碳元素,但并不是一回事。"我说,尽管说的时候心里"压力山大"。

第二十条军规：交流沟通。

找到疑难问题的最佳解决方案远远不等于疑难问题的最终解决，甚至，找到疑难问题的最佳解决方案之后，还不能马上付诸行动。必须和相关方进行深度有效沟通，获得理解和支持。

曾国藩说过：居官以耐烦为第一要义。

沿着金线原理去解难很辛苦，但是对于天生的解难者也是一种快活，类似庖丁解牛。但是，沿着金线，拿到了解难方案，还没有结束，还有临门一脚，还需要不厌其烦地交流、交流、交流。这个步骤，对于多数训练有素的解难者来说，往往不是乐事。

建议解难者把自己定位为成事者，目的不是拿到答案，目的是成事、持续成事、持续成大事。那样，交流就变成了一种必需，捏着鼻子也要去做。你的快感来自成事：带着一个PPT文件，进到一个会议室，讲了，让别人信了，别人就按着做了，事就成了。这样，你慢慢地会爱上交流沟通。

沟通要有文件，要充分重视沟通文件。准备沟通文件也是个技术活，从故事线到故事板到正式的PPT概要文件和正式的PPT完整文件。具体的阐述见后文。

除了沟通文件之外，还要制订沟通计划并执行它。内部沟通，客户沟通，外界沟通，耐烦，耐烦，耐烦。特别是CEO，你要准备好，你将失去亲手解决疑难问题的快感，你要承担把一套话反复说很多遍的"苦役"。

结构化表达的三大原则

第一原则

遵从金线原理

第二原则

实质大于形式

第三原则

事实胜于雄辩

4.结构化表达的金线

我小时候是个结巴，我羡慕我老妈那些能像金鱼吐泡泡一样自由自在说话的人。我长大一点，克服了结巴的毛病，但是说话还是很累。我发现，人类可以分为两类，一类是说话能给他们能量的人，另一类是说话能消耗他们能量的人，我老妈是前一类，我是后一类。

在讲了那么多结构化思维之后，我对结构化表达想要尽量简洁地表达，总结出三点结构化表达的秘诀。

结构化表达第一原则：遵从金线原理。

这时候，第一天假设已经变成了最后结论，反向沿着金线，完成结构化表达。从最后结论开始表达，沿着逻辑线，给出由事实构成的论据，用论据通过论证证明最后结论（中心论点）。

如果你面对的听众习惯甚至喜欢简单、坦诚、阳光的沟通风格,那就用一个简单、坦诚、阳光的结构化表达结构(金字塔结构),比如:

(1)我们需要做如下改变(结论)。
(2)我们想如此改变的原因是这样的(根本理由的金字塔)。
(3)我们下一步要做的具体事情是这样的(变革举措的金字塔)。

常用报告结构

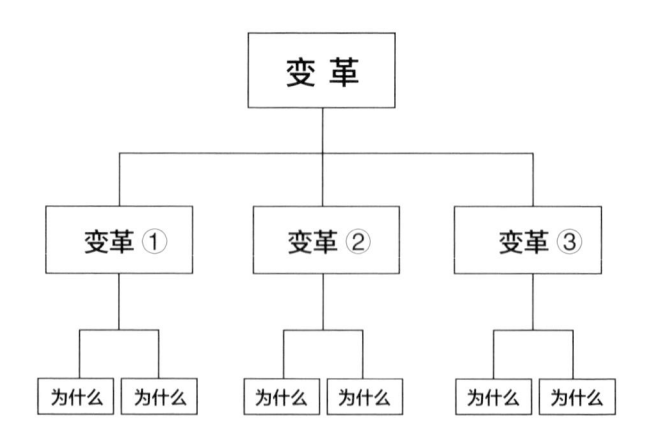

如果你面对的听众习惯渐入佳境,那就遵从金线原理,用一个循循善诱的结构(非金字塔结构):

(1)标:目前面临的主要问题。
(2)本:造成这些问题的根本原因。
(3)药:我们如何针对这些根本原因采取哪些具体行动从而解决这些主要问题。

常用报告结构

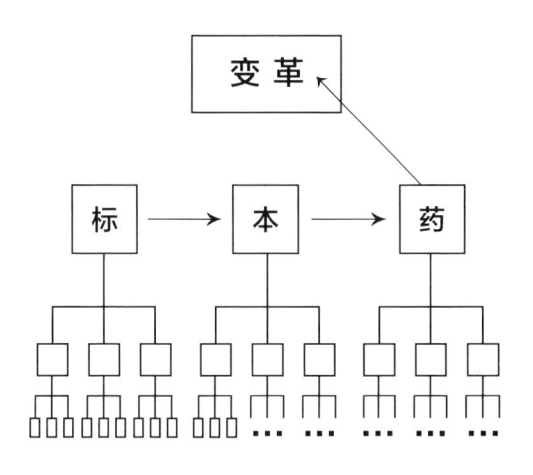

结构化表达第二原则：实质大于形式。

一个像我这样的结巴，如果磕磕巴巴说的是真知灼见，也完胜一个巧舌如簧的人讲一番不可能错的废话。

当然，你可以也应该演练你基于 PPT 的演示，但是别太关注任何形式性的东西。如果你有真知灼见，能帮客户或者你的 CEO 挣钱、持续挣钱和持续多挣钱，那么你的 PPT、你的演示、你的嗓音、你的西装品牌和领带颜色等等都没有那么重要了。

尽管我嗓音难听、PPT 做得一般、演示能力也就是及格水平，但是我一直被客户接受，我想最主要的原因是我一直有真知灼见。

结构化表达第三原则：事实胜于雄辩。

如果能用数字说话，就用数字说话。如果能不用形容词，就不用形容词。

用数字说话，用图表说话，让自己的论据、论点和论证像金字塔一样牢固,像水晶一样清澈。

在结构化表达三原则之外,介绍电梯测试。

你上电梯时碰上你集团的一把手或者你客户的CEO,他知道你们在做一个非常复杂的管理改善项目。

CEO问你:"小明,项目咋样了?"

CEO们这样问是合理的,而且应该多这样问,不要随口给命令或者判断,只是随口问,多问,持续多问。等你到了CEO级别,你会发现,最重要的工作不是做具体项目或者具体分析了,而是:找人,找钱,定方向,协调政府关系,然后就是问各种问题,特别是复杂疑问句,被问的人不是简单回答"是"或者"否"就可以轻易对付过去的。这样,激发公司成员各种主观能动性,同时也看看谁真的能面对压力,真的能把事想清楚、说明白。

但是,你还不是CEO,你很"不幸"(或者很幸运),进电梯的时候,CEO也在。更不幸(或者更幸运)的是,他知道你在做一个重要而复杂的项目,而且还开口问了你一个复杂疑问句。最不幸（或者最幸运）的是，你刚刚上手这个复杂的项目，你还是一头雾水，你和CEO一起在电梯里的时间不会超过三十秒。你双腿发软，你后脖子流汗，你眼冒金星。

怎么办？

你选择回答："项目才刚刚开始。您着什么急啊？"

错！CEO有权利知道公司里任何项目现阶段的状况，商场如战场，可能僵持几年，也可能瞬息万变。如果他真的需要你现在、马上、立刻给出现阶段的最佳解决方案，你是项目负责人，你是最适合、最应该给出这个方案的人。你如果没有，公司可能损失惨重，你可能得不到青睐和无法快速升职。

你选择回答："这是一个无比复杂的项目，三天三夜都说不完呢。这样，我和您秘书约您下周三个小时的时间。"

错！对于顶尖的成事者，没有任何复杂问题不能在三十秒中说完，没有任何复杂问题不能用三页Word或者十页 PPT 说清楚。又，你的 CEO 比你想象的还忙。你现在不说，下次约到他三十分钟的时间听你汇报，很可能是半年之后了。

这就是电梯测试。很残酷。你准备好了吗？

在结构化表达三原则之外，建议遵从单数原则。

结构化表达的时候，金字塔的支柱最好是单数，最好不要超过九个：一点，三点，五点，七点，九点，不能再多了，快到普通人脑极限了。

在结构化表达三原则之外，建议遵从见面原则。

切记，见面的交流效率最高，特别是彼此还不是超级熟悉之前，同样的交流文件，同样做演示的人，见面的效率是电话会的十倍，电话会的效率是电子邮件的十倍。如果因为疫情或者天灾，实在不能见面，也建议使用视频电话会的形式而不是音频电话会。

与此类似，所有长期的异地恋都是瞎扯。

5.其实自古以来中国人一直在使用金线原理

作为中国人，可以骄傲的是，我国文化博大精深，外国人很多是偷我们祖宗的，所以不是毕达哥拉斯百牛定理而是勾股弦定理，所以阴阳八卦是最早的计算机，所以不是 Minto 的金字塔原理而是老聃的金字塔原理。

孔丘在春秋时代开了一家有三千个咨询顾问的管理咨询公司，帮助各个野心勃勃的诸侯通过加强基础管理而提升业绩。孔丘请教老聃如何培训新招的咨询顾问，老聃说，告诉他们，第一个要掌握的原则是，道生一，一生二，二生三，三生无数。

老聃和孔丘之外，中国经典文章里也都是金线闪烁、金字塔巍峨耸立。打开《诗经》，打开唐宋八大家中任何一家的文集，例子比比皆是。

举例:《蒹葭》

蒹葭苍苍,白露为霜。所谓伊人,在水一方。
溯洄从之,道阻且长。溯游从之,宛在水中央。

蒹葭萋萋,白露未晞。所谓伊人,在水之湄。
溯洄从之,道阻且跻。溯游从之,宛在水中坻。

蒹葭采采,白露未已。所谓伊人,在水之涘。
溯洄从之,道阻且右。溯游从之,宛在水中沚。

诗经之蒹葭

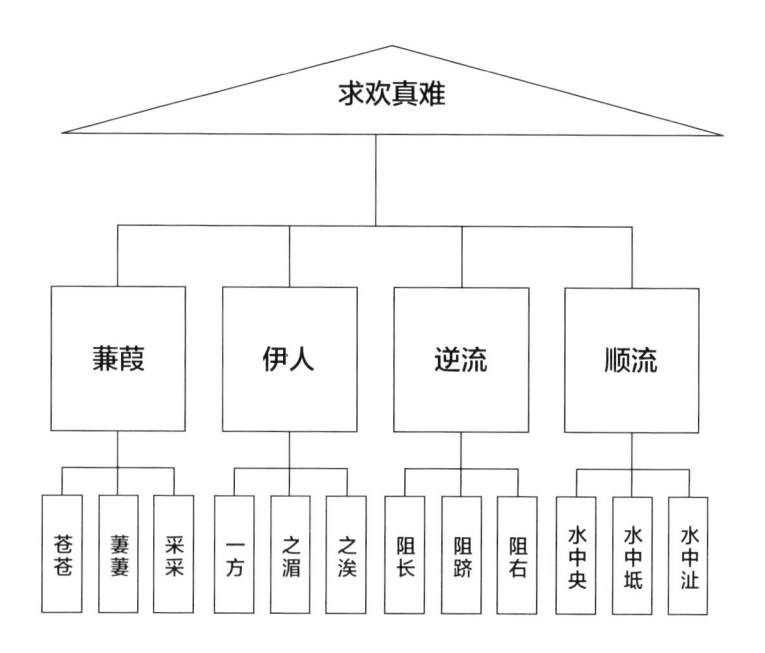

```
              求欢真难
    ┌──────┬──────┬──────┐
   蒹葭    伊人    逆流    顺流
  ┌┼┐    ┌┼┐    ┌┼┐    ┌┼┐
 苍 萋 采  一 之 之  阻 阻 阻  水 水 水
 苍 萋 采  方 湄 涘  长 跻 右  中 中 中
                              央 坻 沚
```

"好爱不为难？

不难无好爱？

此事古难全。"

185

举例：苏轼二三十岁时候的代表作《留侯论》

古之所谓豪杰之士者，必有过人之节。人情有所不能忍者，匹夫见辱，拔剑而起，挺身而斗，此不足为勇也。天下有大勇者，卒然临之而不惊，无故加之而不怒。此其所挟持者甚大，而其志甚远也。

夫子房受书于圯上之老人也，其事甚怪；然亦安知其非秦之世，有隐君子者出而试之。观其所以微见其意者，皆圣贤相与警戒之义；而世不察，以为鬼物，亦已过矣。且其意不在书。

当韩之亡，秦之方盛也，以刀锯鼎镬待天下之士。其平居无罪夷灭者，不可胜数。虽有贲、育，无所复施。夫持法太急者，其锋不可犯，而其势未可乘。子房不忍忿忿之心，以匹夫之力，而逞于一击之间；当此之时，子房之不死者，其间不能容发，盖亦已危矣。

千金之子，不死于盗贼，何者？其身之可爱，而盗贼之不足以死也。子房以盖世之才，不为伊尹、太公之谋，而特出于荆轲、聂政之计，以侥幸于不死，此圯上老人所为深惜者也。是故倨傲鲜腆而深折之。彼其能有所忍也，然后可以就大事，故曰："孺子可教也。"

楚庄王伐郑，郑伯肉袒牵羊以逆；庄王曰："其君能下人，必能信用其民矣。"遂舍之。勾践之困于会稽，而归臣妾于吴者，三年而不倦。且夫有报人之志，而不能下人者，是匹夫之刚也。夫老人者，以为子房才有余，而忧其度量之不足，故深折其少年刚锐之气，使之忍小忿而就大谋。何则？非有生平之素，卒然相遇于草野之间，而命以仆妾之役，油然而不怪者，此固秦皇之所不能惊，而项籍之所不能怒也。

观夫高祖之所以胜，而项籍之所以败者，在能忍与不能忍之间而已矣。项籍唯不能忍，是以百战百胜而轻用其锋；高祖忍之，养其全锋而待其弊，此子房教之也。当淮阴破齐而欲自王，高祖发怒，见于词色。由此观之，犹有刚强不忍之气，非子房其谁全之？

太史公疑子房以为魁梧奇伟，而其状貌乃如妇人女子，不称其志气。呜呼！此其所以为子房欤！

苏轼之留侯论

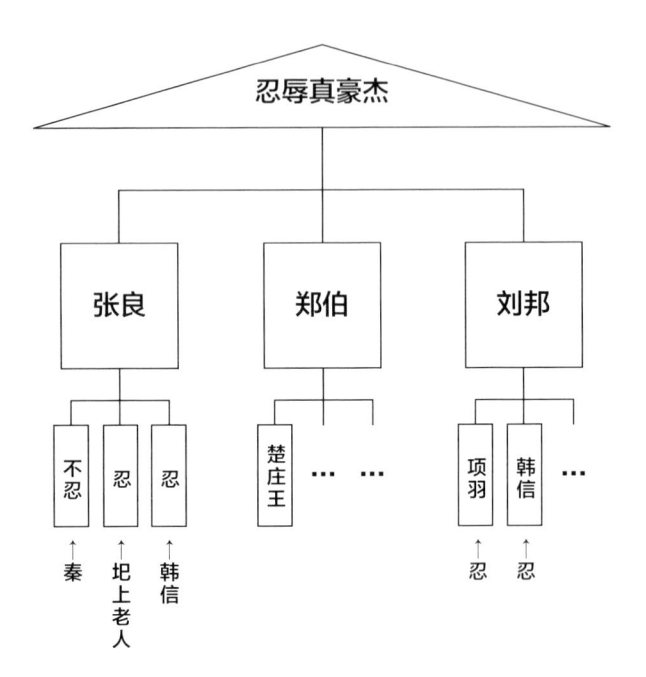

```
                  忍辱真豪杰
        ┌────────────┼────────────┐
      张良           郑伯          刘邦
    ┌──┼──┐          │          ┌──┼──┐
   不忍 忍 忍       楚庄王 …  …   项羽 韩信 …
    ↑  ↑  ↑                     ↓   ↓
    秦 圯 韩                     忍  忍
       上 信
       老
       人
```

188

记得使用
记得忘掉

6.什么时候使用金线原理?

金线原理看似废话，但确实是一个伟大的原理，一个伟大的方法论。

伟大用途之一，解决问题： 当你尝试解决问题时，你从下到上，设立假设，收集论据，归纳出真知灼见，从而建造成坚实的金字塔。这么做，问题解决起来最有效。

伟大用途之二，管理手下： 如果你是领导，有经验，有手下，对于某个问题，你根据经验提出假设，迅速列出第一级三至九个支持论据，分别交代给不同的手下。两到四周后，手下提交报告，你汇总排列，从而建造成坚实的金字塔。有了这个原理，管理起来最有效，领导做得最轻松。

伟大用途之三，交流成果： 问题已经解决，你从上到下，只汇报中心论点和一级支持论据，领导明白了，事情办成了。如果领导和刘备一样三顾你的茅庐，而且臀大肉沉，从早饭坐到晚饭，吃空你家冰箱，喝光你的酒，你有讲话的时间，他有兴趣，你就汇报到第十八级论据，为什么三分天下，得蜀而能有其一。有了这个原理，交流起来最有效。

7. 什么时候要忘掉金线原理？

作为中国人,需要小心的是,我们传统上日常生活的交流,不是从金字塔尖尖到金字塔基底的,而是相反。比如我们通常这样对小王的妈妈说:小王吃喝嫖赌抽,坑蒙拐骗偷,小王是个坏蛋。我们通常不这样对小王妈妈说:小王是个坏蛋。然后看看小王妈妈的反应,再进一步提供证据:小王吃喝嫖赌抽,坑蒙拐骗偷。纯用金字塔原理交流,在中国,容易找抽。

有人要和你吐槽时,闭嘴、倾听、不停倒酒和喝酒,就是最好的解决方案。他真正要解决的不是他所说的问题,真正要解决的是不吐不快。他真正需要的不是你运用智慧帮他找到解决方案,而是让他在你的同情心下真正彻底表达。至于问题本身的解决,还有明天,明天是另一天。

关于社会、工作、生活的 100个基本问题

陈康肃公善射，当世无双，公亦以此自矜。尝射于家圃，有卖油翁释担而立，睨之久而不去。见其发矢十中八九，但微颔之。

康肃问曰："汝亦知射乎？吾射不亦精乎？"翁曰："无他，但手熟尔。"康肃忿然曰："尔安敢轻吾射！"翁曰："以我酌油知之。"乃取一葫芦置于地，以钱覆其口，徐以杓酌油沥之，自钱孔入，而钱不湿。因曰："我亦无他，惟手熟尔。"康肃笑而遣之。

修炼金线的诀窍和卖油翁说的一样，"无他，惟手熟尔"。在工作、生活里，在四季轮回里，在任何一个可以应用的机会里，练、练、练，反复练习，随时练习，反复练习，不要停。直到结构化思维和结构化表达深入骨髓，直到出口就是一点、三点、五点、七点，出口就是中心思想、论点、论据、论证，五讲四美三热爱。

当然，如果你有两三个精于金线的导师能随时指导你，你会进步得更快。如果你真有这么两三个导师，在不唐突的前提下，尽量多和这两三个导师见面，能一起做项目就一起做项目，无法产生工作关系就争取一起吃饭，能吃晚饭就不要吃中饭，多占一点他们的时间。

下面是关于社会、生活、工作的一百个基本问题。这个单子里面的任何一个问题都可以按照金线原理去探讨，每个问题都可以是一道金线原理的练习题，每个问题都能依照金线原理写成一本专著。

1. 能否建立一个稳定的没有四大自由的社会？没有言论自由、信仰自由、免于赤贫的自由、免于恐惧的自由。
2. 一个政府应该如何有效管理疫情？
3. 如何设计一个完美的宗教？为什么人类不能只有一个完美宗教？
4. 如何找到外星人？
5. 如何和外星人交流？
6. 如何开发元宇宙？

7. 如何感受自己肉身的美好？

8. 如何过道德的生活？

9. 如何在权威之下过道德的生活？

10. 如何处理成长的烦恼（身体变化等）？

11. 如何对待所有人内心都是很无知（包括自己）这个悲哀的现实（人类进化远远不完全）？

12. 如何处理父母施加的道德绑架？

13. 如何在世界上找到自己的位置，除了是孩子们的妈妈和家庭主妇，我还是什么？

14. 如何美好地在婚前谈恋爱？

15. 如何美好地在婚后谈恋爱？

16. 如何美好地物化女性/物化男性？

17. 如何处理灵、欲、爱的割裂？

18. 如何感受别人心灵的美好？

19. 如何让女生开心？

20. 如何让男生开心？

21. 如何追一个心仪的女生？

22. 如何追一个心仪的男生？

23. 如何和比自己小二十岁的男友交往？

24. 如何和比自己小二十岁的女友交往？

25. 如何找到最合适的结婚对象？

26. 如何拉长暧昧的美好期限?

27. 如何找到真爱?

28. 相爱但是不能在一起,怎么办?

29. 如何安排一个完美的婚礼?

30. 如何获得完美性爱?

31. 如何战胜无聊?

32. 如何战胜孤独?

33. 如何战胜焦虑?

34. 如何战胜自恋?

35. 如何与自己和解?

36. 如何准备一个礼物?

37. 如何安排一次跨国团建?

38. 如何进入收藏古玉这个坑?

39. 如何在死前安排好收藏品的传承?

40. 如何最有效地读一本书?

41. 如何做一个旅游攻略?

42. 如何充分享受大自然?

43. 去哪个城市工作?

44. 去哪个地方退休?

45. 如何适应一个地方?

46. 如何最好地享受一瓶红酒?

47. 如何最好地享受一瓶啤酒？

48. 如何千杯不醉？

49. 如何缓解宿醉？

50. 如何保证一直能喝到自己喜欢的那种茶？

51. 如何保持好奇心？

52. 如何避免成为一个油腻的中年猥琐男？

53. 如何招人喜欢？

54. 如何说实话还招人喜欢？

55. 如何说"不"？

56. 如何做好健康管理？

57. 如何管理情绪？

58. 如何处理自己的心理问题？

59. 如何最好地养育孩子？

60. 如何赡养父母？

61. 如何改变父母的无知和愚蠢？

62. 如何管理父母的预期？

63. 如何和杠精和平相处（特别是家人是杠精）？

64. 如何还人情债？

65. 如何优雅地老去？

66. 如何优雅地死去？

67. 如何成佛？

68. 如何找到一个满意的工作？

69. 如何买到一个满意的房子？

70. 如何安排自己的出行方式？

71. 如何请客吃饭？

72. 如何安排自己的着装？

73. 如何减肥？

74. 如何做到个人现金流为正？

75. 如何维持工作和生活的平衡？

76. 如何少消费？

77. 如何换工作？

78. 才能和雄心不匹配怎么办？

79. 如何写一个好的商业计划书？

80. 如何获得财务自由？

81. 才能和热爱不匹配怎么办？

82. 如何写一个阅读量过十万的微信公众号文章？

83. 如何名满天下？

84. 如何不朽？

85. 如何用文字打败时间？

86. 如何管理时间？

87. 如何在元宇宙里有效地开展团队工作？

88. 用户管理上，如何拉新、留存、提频、裂变？

89. 如何砍价？

90. 如何逐鹿中原？

91. 如何功成身退？

92. 如何开会？

93. 如何有效地写电子邮件？

94. 如何写一个了不起的PPT文件？

95. 如何在五分钟内让人印象深刻？

96. 如何不生气？

97. 如何开拓第二收入？

98. 一个艺术家看似普通的艺术品如何卖出天价？

99. 如何可以在50岁之前退休？

100. 如何做到什么都不做但是心不慌、心不烦？

冯 唐

1971 年生于北京，诗人、作家、投资人

1998 年，获中国协和医科大学临床医学博士学位
2000 年，获美国埃默里大学 MBA 学位
2000—2008 年，麦肯锡公司全球董事合伙人
2009—2014 年，华润集团战略管理部总经理、华润医疗集团创始 CEO
2015—2021 年，中信资本高级董事总经理
现为不二堂咨询公司创始人、董事长

已出版作品
长篇小说
《欢喜》《十八岁给我一个姑娘》《万物生长》
《北京，北京》《女神一号》
短篇小说集
《安阳》
散文集
《活着活着就老了》《三十六大》
诗集
《冯唐诗百首》
管理作品
《成事》《金线》

金线

作者 _ 冯唐

产品经理 _ 兰芷 扈梦秋　　装帧设计 _ 董歆昱
技术编辑 _ 陈杰　　执行印制 _ 刘淼　　出品人 _ 曹曼

营销团队 _ 闫冠宇 杨喆 孙菲

果麦
www.goldmye.com

以 微 小 的 力 量 推 动 文 明

图书在版编目（CIP）数据

金线 / 冯唐著. — 广州：广东经济出版社, 2022.11
ISBN 978-7-5454-8573-8

Ⅰ.①金… Ⅱ.①冯… Ⅲ.①成功心理 Ⅳ.①B848.4

中国版本图书馆CIP数据核字(2022)第214086号

责任编辑：陈　潇　吴泽莹　王春蕊
责任校对：李宏可
封面设计：董歆昱

金线
JINXIAN

出版发行	：广东经济出版社（广州市环市东路水荫路11号11～12楼）
印　　刷	：天津丰富彩艺印刷有限公司
	（天津市宝坻区新开口镇产业功能区天源路6号）

开　本：880毫米×1230毫米　1/32	印　张：6.5
版　次：2022年11月第1版	印　次：2022年11月第1次
书　号：ISBN 978-7-5454-8573-8	字　数：109千字
定　价：58.00 元	

发行电话：(020) 87393830　　　　　编辑邮箱：gdjjcbstg@163.com
广东经济出版社常年法律顾问：胡志海律师　　法务电话：(020) 37603025
如发现印装质量问题，请与本社联系，本社负责调换。
版权所有·侵权必究